READING HINDI: NOVICE TO INTERMEDIATE

Kusum Knapczyk and Peter Knapczyk

Routledge
Taylor & Francis Group

LONDON AND NEW YORK

First published 2020
by Routledge
2 Park Square, Milton Park, Abingdon, Oxon OX14 4RN

and by Routledge
52 Vanderbilt Avenue, New York, NY 10017

Routledge is an imprint of the Taylor & Francis Group, an informa business

© 2020 Kusum Knapczyk and Peter Knapczyk

British Library Cataloguing-in-Publication Data
A catalogue record for this book is available from the British Library

Library of Congress Cataloging-in-Publication Data
A catalog record for this book has been requested

ISBN: 978-0-367-22256-7 (hbk)
ISBN: 978-0-367-22257-4 (pbk)
ISBN: 978-0-429-27409-1 (ebk)

Typeset in Times New Roman
by Apex CoVantage, LLC

Dedicated to our students,
our greatest teachers

CONTENTS

ACKNOWLEDGMENTS

Reading Hindi: Novice to Intermediate is the outcome of numerous drafts, trial lessons with students, and conversations with colleagues. Here we acknowledge all those who supported the completion of this book.

To begin, we would like to express special gratitude to Rupert Snell, who read several drafts with great care and provided insightful comments and uplifting encouragement at each step. These chapters owe a great deal to his advice and enthusiasm.

We would also like to thank our students at Duke University, Wake Forest University, the University of Wisconsin at Madison, and the University of Colorado at Boulder. We have read drafts of chapters with several classes and received valuable feedback from these students.

Walmik Parwar deserves our heartfelt thanks for his illustrations, which help bring the characters in this book to life. We are also thankful for the timely suggestions provided by colleagues and friends, including Satti Khanna, Jishnu Shankar, Gabriela Nik, Ilieva, Bhola Shankar Sharma, Elliott McCarter, Vishal Vashistha, Anshu Jain, Amritansh Nihit, Joe Reidy, and Rubi Sanchez.

We would like to offer our gratitude to Samantha Vale Noya at Routledge for believing in this project and overseeing its production. Later drafts of these chapters benefited from the comments of our anonymous reviewers. We also thank Rosie McEwan and all those at Routledge who helped in the publication of this book.

Finally, we are grateful to our families in India and the United States for their constant support. This includes Ram Ajor, Dennis Knapczyk, Sangeeta Verma, and Preeti Chaudhary, who helped with editing. Special thanks to Ravi Shekhar, who read a draft of this book and coordinated logistics in India. All errors and shortcomings in this book are the responsibility of the authors.

ABBREVIATIONS

The following abbreviations are used in this book:

adj.   adjective
adv.   adverb
caus.   causative verb
conj.   conjunction
f.   feminine
inter.   interrogative
interj.   interjection
inv.   invariable adjective
m.   masculine
phr.   phrase
pn.   pronoun
pp.   postposition
vi.   intransitive verb
vt.   transitive verb

INTRODUCTION

There has never been a better time to learn Hindi as a foreign language. Students today benefit from resources that were unimaginable even a generation ago, including the growing number of Hindi programs in schools and universities, the increasing variety and quality of published materials, and the immediate access to spoken and written Hindi online. But there remains a lack of materials for students that combine mature, nuanced content with simple, accessible language. We've created this book with the conviction that students – especially those who are new to Hindi – will learn more effectively from materials that appeal to their interests as adults. Learning Hindi is a fun and fascinating journey. Students who travel this path will be able to converse with over half a billion people and gain an important key for appreciating South Asian society and culture. We hope that the lessons in this book will make the initial steps of this path more enjoyable and encourage students to keep striving beyond these lessons and on to higher levels of Hindi proficiency.

Reading Hindi: Novice to Intermediate is a collection of readings and activities for novice, beginning, and intermediate Hindi learners. The lessons in this book aim to build the confidence of novices early on and to provide compelling material for Hindi students at each step forward as they advance through the stages of beginning and intermediate proficiency.

The approach of *Reading Hindi* is to develop students' proficiency in Hindi by interacting with a variety of written texts and engaging with a series of cultural themes, social issues, and practical tasks. Unlike traditional textbooks, this book places the presentation and analysis of grammar in the background. Yet we have arranged the progression of grammar and vocabulary that underlies these lessons to follow the sequence of standard textbooks such as *Complete Hindi* (McGraw-Hill), *Beginning Hindi* (Georgetown University Press), and *Elementary Hindi* (Tuttle). For this reason, lessons from *Reading Hindi* can readily complement a traditional grammar-based course with texts that are rich in content and culture, and activities that integrate language skills through task-based and communicative learning.

Reading Hindi includes 40 standalone lessons that will benefit all students, whether they are working individually with a tutor or studying in a traditional classroom setting. These lessons are organized into four ten-chapter sections with an expanding variety of vocabulary and grammatical structures. Each chapter focuses on a social and cultural theme, a related set of vocabulary, and a practical language task.

In terms of verb forms, Section One focuses on the present habitual tense; Section Two introduces the present continuous tense; Section Three adds the simple past, habitual past, and continuous past tenses, the future tense, and the subjunctive; and Section Four includes the perfect, past perfect, and present perfect tenses. This progression is meant to follow the order of standard Hindi textbooks such as the aforementioned titles.

The opening chapters of *Reading Hindi* offer lessons for novice learners: the first three lessons require little grammar, so students can start using this book as soon as they have finished learning the Devanagari script and have some familiarity with basic vocabulary and grammar. Some students may prefer to work through this book chapter by chapter, while others may pick and choose lessons based on their level and interests. Those who follow the sequence of this book will find that the grammar and vocabulary gradually become more complex with each chapter. Yet because each lesson is self-contained, students can create their own path through these chapters, and the glossary at the end of the book will help with vocabulary that may have been covered in earlier lessons.

The chapters in *Reading Hindi* share a common structure. The pre-reading questions at the beginning of each chapter (to be answered in English or Hindi) are intended to orient students and help them make predictions about the theme and content of the lesson. The pre-reading is followed by a glossary containing words and phrases that make their first appearance in the chapter. Students should read through the glossary so that they have a reference for new words that they encounter in the text and activities.

At the heart of each chapter is a text. Most of these are standalone stories with no connection to other chapters (although the observant reader will notice that a few characters do make repeated appearances). The "Notes on culture" section gives background on aspects of the text that may be unfamiliar to those without experience of life in India. This section is followed by a series of five activities designed to help readers check their understanding of the text, discuss ideas and opinions about its theme, practice and internalize vocabulary and grammar, and integrate new skills and knowledge to create a writing project, presentation, or role-play. To ensure that these lessons are useful for learners working with a tutor, activities require no more than one partner, but instructors can easily adapt these activities for larger groups. At the end of the book, readers will find an appendix with notes on numbers in Hindi, body parts, and a short comic, as well as a comprehensive glossary.

A note for Hindi instructors

The five activities in each chapter are meant to prepare students step-by-step for the final activity, so they should be performed in the given sequence. If students have difficulty with any activity in the series, we recommend that you devise a similar activity for additional practice before moving on. Depending on the pace of instruction, students should be able to cover one or two chapters from *Reading Hindi* each week over the first three semesters of a program. The final chapters assume a working vocabulary of some 1500 words and an overall proficiency comparable to ACTFL intermediate-high and CEFR A2-B1.

भाग एक

क्या चल रहा है ?

1

कुछ मेरे बारे में

Pre-reading

1 What personal details would you expect to find on someone's ID card or passport?
2 What questions would you ask to get to know a new acquaintance?

Glossary

भारत	m.	India
सरकार	f.	government
जन्म	m.	birth
वर्ष	m.	year
पुरुष	m.	man, male
आधार	m.	foundation, the name of India's national ID card

आम	adj.	common
आदमी	m.	man, person
अधिकार	m.	right, authority
जन्मदिन	m.	birthday
उम्र	f.	age
शहर	m.	city
मकान	m.	house
पता	m.	address
महिला	f.	woman, female
लिंग	m.	gender
पूरा	adj.	full
देश	m.	country, nation
स्त्री	f.	woman, female
अम्मी-अब्बू	m.	parents (common among Urdu speakers)
गाँव	m.	village
लेकिन	conj.	but
आपसे मिलकर ख़ुशी हुई ।	phr.	Nice to meet you.
फिर मिलेंगे ।	phr.	See you later.
माता-पिता	m.	parents

Text

FIGURE 1.1

Notes on culture

Hindi boasts a rich vocabulary, thanks to the many cultures and languages that have called India home over the centuries. Hindi speakers make use of words from Sanskrit, Persian, Arabic, and English, along with other South Asian languages.

As in any language, Hindi speakers use different vocabulary in formal and informal situations. You find an example of this in the identity card shown in Figure 1.1. Although the words पुरुष and आदमी both can be translated as "man," पुरुष is a Sanskrit loanword used in formal speech, while आदमी – an Arabic word cognate with the name Adam – is used in everyday speech.

If you have watched any recent Bollywood films, you'll be aware that Hindi speakers make frequent use of English words and phrases. In this style, known as "Hinglish," speakers shift back and forth between these languages, often in a single sentence. This is good news if you are coming to Hindi from English, as you can often plug an English word into a Hindi sentence to get your point across.

A) Reading questions

Answer the following questions in complete sentences based on the ID card in Figure 1.1.

1   आदमी का नाम क्या है ?
2   आदमी का जन्मदिन कब है ?
3   आदमी की उम्र क्या है ?
4   आदमी के शहर का नाम क्या है ?
5   आदमी का मकान नम्बर क्या है ?
6   आदमी के घर का पता क्या है ?
7   आदमी के देश का नाम क्या है ?

B) Create your own ID card

Create your own ID card here by filling in the missing details with your own information and adding a picture.

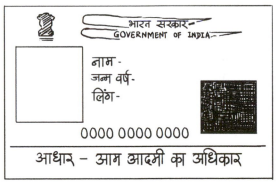

FIGURE 1.2

C) Create an ID card for Shireen

Read the following passage and create an ID card for the person described by filling in the missing details.

नमस्ते जी ! मेरा नाम शिरीन आरिफ़ है और मैं हिंदुस्तानी हूँ । मेरे अम्मी-अब्बू बिहार के एक गाँव में रहते हैं, लेकिन मैं पटना में रहती हूँ । मेरा जन्मदिन दस जनवरी को है और मेरी उम्र बीस साल की है ।

मैं पटना महिला कॉलेज में पढ़ती हूँ और मैं कॉलेज के एक हॉस्टल में रहती हूँ । मेरा कमरा नम्बर तीन है । आपसे मिलकर ख़ुशी हुई । फिर मिलेंगे ।

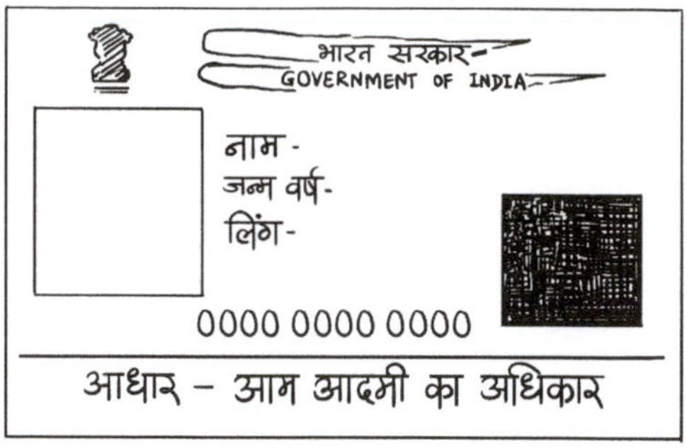

D) Let's get to know you

Answer the following questions in complete sentences.

1   आपका नाम क्या है ?
2   आपका क्या हाल है ?
3   आप कहाँ से हैं ?
4   आपका घर कहाँ है ?
5   आप कहाँ पढ़ते / पढ़ती हैं ?
6   आप क्या काम करते / करती हैं ?
7   आपके माता-पिता क्या करते हैं ?
8   आपके माता-पिता कहाँ रहते हैं ?

E) Get to know your partner

Meet with a partner and take turns asking each other the questions in the previous activity. Fill in the blanks with your partner's answers:

1   नाम _____
2   हाल क्या है ? _____
3   देश _____
4   पता _____
5   कहाँ पढ़ते / पढ़ती हैं ? _____
6   काम _____
7   माता-पिता का काम _____
8   माता-पिता कहाँ हैं ? _____

2

स्टेशन पर

Pre-reading

1   What information would you expect to find on signs in a railway station?
2   What details do you need to consider when buying a train ticket?

Glossary

आगमन	m.	arrival
समय	m.	time
गाड़ी	f.	car, train
संख्या	f.	number
संभावित	adj.	expected
प्रस्थान	m.	departure
छूटना	vi.	to depart
पहुँचना	vi.	to arrive
दिन	m.	day
श्रेणी	f.	class (of a train)
किराया	m.	fare
यात्री	m.	traveler
जाना	vi.	to go
X जाने वाला	adj.	bound for X
पैसा	m.	money
X के बाद	pp.	after X
X से पहले	pp.	before X

Text

आगमन
समय 13:02

गाड़ी संख्या	गाड़ी का नाम	संभावित समय	आगमन / प्रस्थान	प्लैटफॉर्म संख्या
11058	अमृतसर दादर एक्सप्रेस	20:20	आ॰	4
12015	अजमेर शताब्दी	18:15	आ॰	12
12951	मुम्बई राजधानी	14:00	प्र॰	5
12138	पंजाब मेल	19:30	आ॰	9
12494	दर्शन एक्सप्रेस	16:20	आ॰	4

Notes on culture

In India, trains are popular for traveling long distances. When buying a train ticket, you must decide between a few types of coaches, each with different features. For example, a sleeper coach (SL) does not have air-conditioning (AC) and seats six passengers per compartment, while a 2AC coach has AC and seats four passengers per compartment. For overnight journeys, compartments can be converted to sleeping berths with fold-down bunk beds.

Hindi students of all levels have trouble recognizing English words written in Devanagari. You'll find many such words throughout this book (including this chapter!), so when you are stumped by a seemingly unfamiliar word, consider whether it might be one that you already know from English. There are some clues for recognizing these words. For example, Hindi speakers pronounce the "t" and "d" sounds in English as retroflex and write these sounds with the letters ट and ड. Likewise, the undotted or empty चन्द्र-बिंदु is used when writing some English words to prevent readers from confusing such homonyms as काफ़ी (enough) and कॉफ़ी (coffee).

A) *True or false*

Indicate whether the statement is true or false by circling सही (true) or ग़लत (false). Correct each false statement.

1	सही	ग़लत	The Amritsar-Dadar Express arrives at 8:20 p.m.
2	सही	ग़लत	The Darshan Express departs at 5:00 p.m.
3	सही	ग़लत	The Punjab Mail arrives on platform 9.
4	सही	ग़लत	Train number 12951 is expected at 2:00 p.m.
5	सही	ग़लत	The Ajmer Shatabdi arrives on platform 10.

B) *Reading questions*

Answer the following questions based on the timetable at the beginning of this chapter.

1 What time does the Punjab Mail arrive?
2 Which trains arrive on platform 4?
3 Which platform does the Ajmer Shatabdi arrive on?
4 What time does the Mumbai Rajdhani Express depart?
5 It's now 1:02 p.m. Which train will depart next?
6 Which train arrives after the Punjab Mail?

C) *Practice reading Devanagari*

The following is a list of actual trains in India. Rewrite the name of each train in English.

1 ब्लैक डायमंड एक्सप्रेस
2 गोल्डन टेम्पल मेल
3 ग्रैंड ट्रंक एक्सप्रेस
4 हिमालयन क्वीन
5 पर्ल सिटी एक्सप्रेस
6 योग एक्सप्रेस
7 टी गार्डन एक्सप्रेस

D) Train timetable

Study this timetable for trains traveling from New Delhi to Varanasi and then answer the following questions:

नई दिल्ली से वाराणसी जाने वाली गाड़ियाँ

गाड़ी संख्या	गाड़ी का नाम	छूटने का समय	पहुँचने का समय	दिन	श्रेणी, किराया
12382	पूर्वा एक्सप्रेस	17:35	5:05	MWF	SL: ₹420.00 3AC: ₹1,115.00
12562	स्वतंत्रता एक्सप्रेस	20:40	8:25	All	3AC: ₹1,105.00 2AC: ₹1,575.00
14258	काशी विश्वनाथ एक्सप्रेस	11:35	4:35	All	SL: ₹400.00 3AC: ₹1,090.00 2AC: ₹1,575.00
19407	आदी वाराणसी एक्सप्रेस	14:03	5:40	F	SL: ₹395.00 3AC: ₹1,085.00

1   Which trains arrive in Varanasi before 6:00 a.m.?
2   Which trains run on Mondays?
3   Which train has the shortest travel time? Which one has the longest?
4   What time does the Purva Express depart from New Delhi?
5   What time does the Kashi Vishwanath Express arrive in Varanasi?
6   How much is the fare for a second-class AC ticket on the Swatantra Express?

E) Choose the best train for each traveler

The following chart gives information about three travelers who are planning journeys from New Delhi to Varanasi. Study the preferences and budgets of these travelers and then consult the timetable in the previous activity to find the best train for each one.

यात्री का नाम	जाने का समय	पहुँचने का समय	दिन	श्रेणी	बजट
मुहम्मद रिज़वी	15:00 के बाद	6:00 से पहले	F	SL	₹500.00
श्रेयस जैन	12:30 के बाद	5:00 से पहले	F	3AC, 2AC	₹1200.00
ऋषि कुमार	13:30 के बाद	8:30 से पहले	W, F	SL, 3AC	₹400.00

3

सुखदेव का ढाबा

Pre-reading

1   What's your favorite Indian restaurant? Why do you like it?
2   What dishes do you usually order at an Indian restaurant?

Glossary

ढाबा	m.	roadside diner
नाश्ता	m.	snack, breakfast
रुपया	m.	rupee (India's currency)
लस्सी	f.	yogurt-based drink
पकौड़ा	m.	a fritter (batter-fried vegetable)
समोसा	m.	a dumpling stuffed with potatoes
बैंगन-भर्ता	m.	roasted eggplant
आलू	m.	potato
मटर	m.	green peas
गोभी	f.	cauliflower (फूल गोभी), cabbage (बंद गोभी)
साग	m.	green leafy vegetable
पनीर	m.	cheese
दाल-मक्खनी	f.	lentils cooked with butter
मुर्ग़	m.	chicken
क़ोरमा	m.	a gravy-based meat dish
चावल	m.	rice
रोटी	f.	flatbread made on a griddle
बिरयानी	f.	rice cooked with meat or vegetables
सादा	adj.	plain
नान	m.	flatbread made in an oven
आलू-पराठा	m.	flatbread stuffed with potato
कितना	inter.	how much, how many
X कितने का है ?	phr.	How much is X?

Text

सुखदेव का ढाबा

चाय-नाश्ता			चावल और रोटी	
चाय	10 रुपए	*chai*	बिरयानी	200 रुपए पर प्लेट
लस्सी	20 रुपए	*coffee lassi*	सादा चावल	100 रुपए पर प्लेट
कॉफ़ी	40 रुपए	*coffee*	रोटी	10 रुपए
पकौड़ा	50 रुपए पर प्लेट	*pakorda*	नान	30 रुपए
समोसा	30 रुपए पर प्लेट	*samosa*	आलू पराठा	40 रुपए

लंच और डिनर		
बैंगन-भर्ता	200 रुपए पर प्लेट	*roasted eggplant*
आलू-मटर	100 रुपए पर प्लेट	*potato pea*
आलू-गोभी	100 रुपए पर प्लेट	*potato cabbage*
साग-पनीर	200 रुपए पर प्लेट	*greens + cheese*
दाल-मक्खनी	200 रुपए पर प्लेट	*lentils*
मुर्ग़-क़ोरमा	300 रुपए पर प्लेट	*chicken korma*
मुर्ग़-मक्खनी	300 रुपए पर प्लेट	

Notes on culture

People who dine out in India traditionally have the choice of eating at either a ढाबा or a होटल. A ढाबा serves inexpensive local dishes in an informal setting open to the street. You'll find these facing railway and bus stations and other areas frequented by travelers. Compared with a ढाबा, a होटल serves a wider range of dishes in a more exclusive, air-conditioned setting. Despite the name, a होटल is often a standalone restaurant without lodging. Today, modern dining options are also popular, such as fast-food chains and casual, mid-range restaurants.

A) Word search

Find and circle at least ten words from this chapter's glossary. Then make sentences using the words you find.

ढा	आ	लू	प	त	क़ो	र	मा
बा	ल	सा	दा	बि	र	या	नी
हा	स्सी	म	ट	र	त	सा	ग
स	गो	भी	पै	सा	प	कौ	ड़ा
मो	कौ	ड़ा	चा	व	ल	रो	टी
सा	ना	न	दा	ल	प	नी	र

B) *Find the match*

Match each numeral with its Hindi equivalent. For a review of Hindi numbers, see Appendix 1.

1	200	a	चालीस
2	10	b	सौ
3	40	c	तीस
4	20	d	दो सौ
5	300	e	दस
6	50	f	बीस
7	100	g	तीन सौ
8	30	h	पचास

C) *How much is it?*

Answer each question based on the menu at the beginning of this chapter.

1 चाय कितने की है ?
2 एक प्लेट साग-पनीर कितने का है ?
3 एक नान कितने का है ?
4 दो रोटियाँ कितने की हैं ?
5 बिरयानी कितने की है ?
6 दो प्लेट पकौड़े कितने के हैं ?
7 एक प्लेट समोसा कितने का है ?
8 तीन प्लेट सादा चावल कितने के हैं ?

D) *Check the bill*

The following are the bills for four customers. Check the total of each bill based on the menu at the beginning of this chapter. If someone has been overcharged, indicate the correct total for the bill.

1 चार कप चाय = चालीस रुपए
2 एक प्लेट आलू-गोभी, एक प्लेट समोसा = दो सौ रुपए
3 तीन नान, एक कप चाय, एक प्लेट मुर्ग़-मक्खनी = तीन सौ रुपए
4 एक प्लेट बिरयानी, तीन लस्सी, एक कप कॉफ़ी, एक प्लेट साग-पनीर = चार सौ बीस रुपए

E) *Place your order*

You've offered to treat three of your friends to lunch at Sukhdev's Dhaba. One friend likes meat, another likes aloo paratha, and the third one is lactose intolerant. After sitting down with your friends, you've realized that you only have 1000 rupees. Order a meal for you and your friends that includes four drinks, four different main dishes, and four items from "rice and bread."

4

होटल का रिव्यू

Pre-reading

1   What details would you expect to find in an online review of a hotel?
2   Think about the last hotel you stayed in. Would you give it a good or bad review?

Glossary

कभी	adv.	ever, at any time
मत	adv.	don't (used with commands and subjunctive verbs)
ख़राब	adj.	bad, broken
सस्ता	adj.	cheap
क्योंकि	conj.	because
वहाँ	adv.	there
गंदा	adj.	dirty
बिस्तर	m.	bed
सख़्त	adj.	hard, firm
कोई	adj.	any
मेज़	f.	table
सिर्फ़	adv.	only
कुरसी	f.	chair
जबकि	conj.	whereas
हर	adj.	each, every
ज़रूरी	adj.	necessary
पंखा	m.	fan
महँगा	adj.	expensive
X के सामने	pp.	facing X
ज़्यादा	inv.	more
बार	f.	occasion, time
ज़रूर	adv.	definitely, certainly

Text

Title: आदर्श होटल में कभी मत जाना।

Rating: बहुत ख़राब

Review:

आदर्श होटल सस्ता है क्योंकि वहाँ के कमरे गंदे हैं और बहुत छोटे भी हैं। कमरे में बिस्तर बहुत सख़्त है और कोई मेज़ नहीं है। वहाँ सिर्फ़ एक कुरसी है, जबकि हर कमरे में दो कुरसियाँ ज़रूरी हैं। कमरे में बहुत गरमी है क्योंकि पंखा ख़राब है। वहाँ फ्रिज भी नहीं है।

होटल में एक रेस्टोरेंट है, लेकिन वह बहुत महँगा है। रेस्टोरेंट में खाना ठीक है लेकिन बहुत अच्छा नहीं है। उसके सामने गुलशन ढाबा है। वह मेरा ढाबा है और वहाँ का खाना ज़्यादा अच्छा है। एक बार तो मेरे ढाबे पर ज़रूर आइए।

Notes on culture

There is a vast range of hotels in India, and the prices of rooms in any hotel can vary widely according to the features included. For example, some rooms in budget and mid-priced hotels may only have a ceiling fan, while others may have a window air-conditioner or a "desert cooler." Likewise, in some hotels you cannot draw hot water from the bathroom tap. Instead, you must use a single-use water heater (known as a "geyser") or ask for hot water to be brought to your room in a bucket. It's important to ask about such features when booking a hotel room.

A) *True or false*

Indicate if the statement is true or false by circling सही (true) or ग़लत (false). Correct each false statement.

1	सही	ग़लत	आदर्श होटल महँगा है ।
2	सही	ग़लत	कमरे में तीन मेज़ें हैं ।
3	सही	ग़लत	कमरे में एक कुरसी है ।
4	सही	ग़लत	होटल में रेस्टोरेंट सस्ता है ।
5	सही	ग़लत	आदर्श होटल के सामने गुलशन ढाबा है ।
6	सही	ग़लत	गुलशन ढाबे का खाना ख़राब है ।

B) *Reading questions*

Answer the following questions in complete sentences based on the hotel review at the beginning of this chapter.

1 आदर्श होटल क्यों सस्ता है ?
2 आदर्श होटल में क्या चीजें ख़राब हैं ?
3 आदर्श होटल में क्या चीजें अच्छी हैं ?
4 होटल में कितनी कुरसियाँ और मेज़ें हैं ?
5 होटल में बिस्तर कैसा है ?
6 होटल में रेस्टोरेंट कैसा है ?
7 गुलशन ढाबा कहाँ है ?
8 कहाँ का खाना ज़्यादा अच्छा है ?

C) *Listen and draw*

In the following are descriptions of two hotel rooms. Draw a picture of each room, paying special attention to how many items are described. If you have a partner, you can take turns reading the descriptions out loud while the other draws the picture.

Room A

एक कमरा है । कमरे में एक लड़का है और दो लड़कियाँ हैं । एक बिस्तर है और दो कुरसियाँ । एक मेज़ पर पंखा है ।

Room B

एक कमरा है । कमरे में एक बड़ा लड़का है और दो छोटे लड़के । दो कुरसियाँ हैं और दो मेज़ें । एक मेज़ ख़राब है ।

D) *Spot the difference*

Compare the two hotel rooms shown in Figures 4.2 and 4.3 and circle all the differences that you find. Then write at least five sentences comparing the two rooms, following the example.

Example: इस कमरे में एक आदमी है, लेकिन उस कमरे में दो आदमी हैं ।

(In this room there is one man, but in that room there are two men.)

Some useful vocabulary:

आदमी (man)	खिड़की (window)	जूता (shoe)
पंखा (fan)	फ़्रिज (fridge)	रिमोट (remote)

FIGURE 4.2

FIGURE 4.3

E) Write a hotel review

Using the chapter text as a model, write a review of the last hotel you stayed in. Give your review a title and rating, then write three to four sentences describing the hotel's furnishings and features.

Title:

Rating:

Review:

5
नीला का परिवार

Pre-reading

1 Describe a typical day of someone in your family.
2 In what ways are boys and girls raised differently in your country?

Glossary

रहना	vi.	to stay, to live, to reside
परिवार	m.	family
दादा	m.	paternal grandfather
दादी	f.	paternal grandmother
भाई	m.	brother
रसोई	f.	kitchen
मेहनती	adj.	hardworking
दफ़्तर	m.	office
काम करना	vt.	to work
आलसी	adj.	lazy
अक्सर	adv.	often
X भी	adv.	X also
शनिवार	m.	Saturday
इतवार	m.	Sunday
रात-भर	adv.	all night
बनना	vi.	to become
बनाना	vt.	to make
कपड़ा	m.	clothing, cloth
धोना	vt.	to wash
बर्तन	m.	pan
साफ़ करना	vt.	to clean
सब	pn.	everyone
X का ख़्याल रखना	vt.	to take care of X
रोज़	adv.	daily
अख़बार	m.	newspaper
पढ़ना	vt.	to read
सब्ज़ी	f.	vegetable
फल	m.	fruit
लाना	vi.	to bring
पूजा करना	vt.	to worship
फूल	m.	flower
थाली	f.	plate
तैयार करना	vt.	to prepare
प्रसाद	m.	an offering that worshipers make to a deity
देना	vt.	to give
लेना	vt.	to take

Text

नीला मुंबई में रहती है । उसके परिवार में दादा-दादी, मम्मी-पापा, और छोटा भाई मनीष हैं । उसका घर बहुत छोटा है । घर में दो कमरे हैं और एक छोटी रसोई है ।

नीला स्कूल जाती है और बहुत मेहनती है । नीला के पापा एक दफ़्तर में काम करते हैं ।

नीला का भाई बहुत आलसी है । वह अक्सर स्कूल भी नहीं जाता । वह शनिवार और इतवार को रात-भर टीवी देखता है और दिन-भर सोता है । वह बॉलीवुड में हीरो बनना चाहता है ।

नीला की मम्मी घर में रहती हैं । वे खाना बनाती हैं, कपड़े धोती हैं, बर्तन साफ़ करती हैं, और सबका ख़्याल रखती हैं ।

नीला के दादा जी रोज़ सुबह अख़बार पढ़ते हैं और बाज़ार से सब्ज़ियाँ और फल लाते हैं ।

दादी जी रोज़ सुबह पूजा करती हैं । नीला दादी जी के लिए फूल लाती है और पूजा की थाली तैयार करती है । पूजा करने के बाद दादी जी मनीष को प्रसाद देती हैं फिर नीला को प्रसाद देती हैं ।

Notes on culture

Hindi speakers show respect by referring to a person in the plural, not unlike the "royal we" in English. This is why Neela uses plural verb forms when describing the routines of her parents and grandparents. As a rule of thumb, any person whom you address directly as तुम or आप should always be referred to in the plural.

Hindi is quite different from English in how it distinguishes between paternal and maternal relatives. For example, in Hindi when referring to the mother of your parent, you must always specify whether she is your दादी (paternal grandmother) or नानी (maternal grandmother). Hindi has no word that covers both relationships (like "grandmother" in English). This distinction between paternal and maternal relatives is found also in the words for aunts, uncles, in-laws, and cousins.

प्रसाद is an offering that worshipers make to a deity in the form of flowers, fruits, or sweets. After its भोग (essence) is enjoyed by the deity, प्रसाद can be consumed by devotees and shared with others.

A) True or false

Indicate if the statement is true or false by circling सही (true) or ग़लत (false). Correct each false statement.

1	सही ग़लत	नीला दिल्ली में रहती है ।
2	सही ग़लत	नीला के परिवार में छह लोग हैं ।
3	सही ग़लत	नीला के दो बच्चे हैं ।
4	सही ग़लत	नीला का घर बहुत बड़ा है ।
5	सही ग़लत	नीला दफ़्तर जाती है ।
6	सही ग़लत	मनीष के दादा जी रोज़ सब्ज़ियाँ और फल लाते हैं ।
7	सही ग़लत	मनीष की मम्मी घर में रहती हैं ।
8	सही ग़लत	मनीष की दादी जी पूजा-पाठ करती हैं ।

B) Reading questions

Answer the following questions in complete sentences based on the text at the beginning of this chapter.

1 नीला का परिवार कहाँ रहता है ?
2 मनीष के परिवार में कौन-कौन हैं ?
3 नीला रोज़ क्या करती है ?
4 नीला के पापा रोज़ कहाँ जाते हैं ?
5 नीला का भाई शनिवार और इतवार को क्या करता है ?
6 मनीष की मम्मी घर में क्या काम करती हैं ?
7 नीला के दादा जी रोज़ क्या करते हैं ?
8 नीला की दादी जी सुबह क्या करती हैं ?

C) Find the match

Match each word with its opposite.

1	मेहनती	a	लेना
2	छोटा	b	आलसी
3	रात	c	गंदा
4	साफ़	d	दिन
5	देना	e	बड़ा

D) Describe Maneesh's daily routine

The pictures in Figure 5.2 show a typical day for Neela's brother, Maneesh. Write a sentence describing what he does in each picture, following the example. You can use verbs from the following list.

Example: मनीष अपने दोस्तों से लड़ता है ।

(Maneesh fights with his friends.)

Some useful verbs:

आराम करना	vt.	to rest, to relax
खाना	vt.	to eat
खेलना	vt.	to play
पीना	vt.	to drink
नाचना	vi.	to dance
लड़ना	vt.	to fight
सोना	vi.	to sleep

F<small>IGURE</small> 5.2

E) Discussion questions

Discuss these questions with a partner.

1   आपके घर में कौन-कौन हैं ?
2   आपका परिवार कहाँ रहता है ?
3   आपके परिवार में लोग क्या-क्या काम करते हैं ?
4   आपके घर में सब्ज़ी कौन लाता है ?
5   आपकी दादी जी रोज़ क्या-क्या करती हैं ?
6   आपके दादा जी रोज़ क्या-क्या करते हैं ?
7   आप घर में क्या-क्या काम करते / करती हैं ?
8   आपके घर में कौन अख़बार पढ़ता है ?

6

मेरी कक्षा

1 Make a list of things that you see in the classroom shown in Figure 6.1.
2 What do you do in class on a typical day?

FIGURE 6.1

Glossary

कक्षा	f.	class, classroom
बारहवाँ	adj.	twelfth
राजनीति शास्त्र	m.	political science
इतिहास	m.	history
संगीत	m.	music
मनपसंद	adj.	favorite
विषय	m.	subject
सरकारी	adj.	governmental
ख़ुद	pn.	oneself (myself, yourself, etc.)
दरवाज़ा	m.	door
खिड़की	f.	window
दीवार	f.	wall
रंग	m.	color
सफ़ेद	adj.	white
दरी	f.	rug
तस्वीर	f.	picture
कुछ	adj.	some
बात	f.	a thing said, matter, idea
सपना	m.	dream
सुंदर	adj.	beautiful
कभी-कभी	adv.	sometimes
खोमचे वाला	m.	snack vendor
ख़रीदना	vt.	to buy
छोले-कुलचे	m.	chickpeas and flatbread
या	conj.	or
ब्रेड पकौड़ा	m.	batter-fried bread
दूध	m.	milk
मुफ़्त	adj.	free (of cost)
मिलना	vi.	to get
बीमार पड़ना	vi.	to get sick
चाहना	vt.	to want

Text

मेरा नाम रमेश चौधरी है । मैं आगरा के एक स्कूल में पढ़ता हूँ । मैं बारहवीं कक्षा में पढ़ता हूँ । मैं स्कूल में अंग्रेज़ी, हिंदी, राजनीति शास्त्र, इतिहास, और संगीत पढ़ता हूँ । इतिहास मेरा मनपसंद विषय है ।

मेरा स्कूल सरकारी है । मेरी कक्षा बहुत बड़ी, सुंदर, और साफ़ है, क्योंकि हम ख़ुद कक्षा साफ़ करते हैं । मेरी कक्षा में एक दरवाज़ा और चार खिड़कियाँ हैं । कमरे में दो पंखे हैं । दीवार का रंग सफ़ेद है । हम लोग दरी पर बैठते हैं क्योंकि कमरे में कुरसी या मेज़ नहीं है ।

कमरे में कुछ तस्वीरें भी हैं । इनमें एक तस्वीर महात्मा गाँधी की है और एक गौतम बुद्ध की । कुछ तस्वीरों में अच्छी-अच्छी बातें हैं, जैसे "बापू का एक ही सपना, साफ़ और सुंदर भारत अपना ।"

मेरी माँ मुझे लंच देती हैं, लेकिन कभी-कभी मैं खोमचे वाले से भी खाना ख़रीदता हूँ । हम लोग अक्सर छोले-कुलचे या ब्रेड पकौड़ा ख़रीदते हैं ।

मेरे स्कूल में दूध और ब्रेड मुफ़्त मिलता है, लेकिन मैं उसे कभी नहीं खाता, क्योंकि मैं बीमार नहीं पड़ना चाहता ।

Notes on culture

Primary and secondary schools in India are divided into two general categories: government schools and public schools. The majority of children attend government schools, which are free and open to all, like public schools in the United States. In North India, most government schools are Hindi medium. Despite their reputation for neglect, government schools are often the only option for children of rural and lower-class families.

Most middle-class families in India send their children to public schools. Despite the name's connotations, public schools are operated privately and require tuition fees. Admission to public schools is highly competitive, with long waiting lists for new students. Unlike government schools, public schools are English medium, which many Indians consider a mark of prestige.

Mahatma Gandhi is known to Indian schoolchildren as "The father of our nation." Even in his lifetime, Indians referred to Gandhi with affection as बापू जी (father). One frequently encounters images of Gandhi in public, including on classroom walls and Indian banknotes.

A) True or false

Indicate if the statement is true or false by circling सही (true) or ग़लत (false). Correct each false statement.

1	सही	ग़लत	रमेश आगरा में रहता है ।
2	सही	ग़लत	रमेश का मनपसंद विषय इतिहास है ।
3	सही	ग़लत	रमेश का स्कूल बड़ा और सुन्दर है ।
4	सही	ग़लत	रमेश की कक्षा में चार दरवाज़े और पाँच खिड़कियाँ हैं ।
5	सही	ग़लत	रमेश की कक्षा की दीवार का रंग पीला है ।
6	सही	ग़लत	रमेश की कक्षा में कुछ तस्वीरें हैं ।
7	सही	ग़लत	रमेश की माँ उसको खाना नहीं देतीं ।
8	सही	ग़लत	रमेश के स्कूल में समोसे मुफ़्त मिलते हैं ।

B) Reading questions

Answer the following questions in complete sentences based on the text at the beginning of this chapter.

1. रमेश कहाँ पढ़ता है ?
2. रमेश की कक्षा में क्या-क्या है ?
3. रमेश की कक्षा में कितने दरवाज़े और खिड़कियाँ हैं ?
4. रमेश की कक्षा की दीवार का रंग क्या है ?
5. क्या रमेश की कक्षा में दरी है ?
6. रमेश की कक्षा में कितने पंखे हैं ?
7. रमेश लंच में अक्सर क्या-क्या खाता है ?
8. रमेश के स्कूल में क्या-क्या मुफ़्त में मिलता है ?

C) Which word doesn't belong?

Choose the odd word in each group. Then explain why it doesn't belong to that group.

1	हिंदी	इतिहास	पंखा	संगीत
2	कुरसी	मेज़	लड़का	पंखा
3	खिड़की	दीवार	दरवाज़ा	साफ़
4	लड़का	तस्वीर	मैं	लड़की
5	ख़रीदना	पढ़ना	अपना	बैठना
6	मुफ़्त	सफ़ेद	लाल	पीला
7	छोल-कुलचे	दरी	ब्रेड पकौड़ा	दूध

D) What's in your classroom?

Describe the number and color of each item in your classroom, following the example.

Example: कुरसी > मेरी कक्षा में दस काली कुरसियाँ हैं ।
(There are ten black chairs in my classroom.)

1. दरवाज़ा
2. दीवार
3. पंखा
4. मेज़
5. खिड़की
6. दरी
7. किताब
8. तस्वीर

E) Spot the difference

Compare the classrooms shown in Figures 6.2 and 6.3 and circle all the differences that you find. Then write at least five sentences comparing the two rooms, following the example.

Example: पहले कमरे में एक पंखा है, लेकिन दूसरे कमरे में दो पंखे हैं ।

(In the first room there is one fan, but in the second room there are two fans.)

Some useful vocabulary:

किताब (book)	चश्मा (glasses)	छात्र (student, f. छात्रा)
जूता (shoe)	तस्वीर (picture)	मेज़ (table)

FIGURE 6.2

FIGURE 6.3

7
योग और मैं

1 Which sports and other forms of exercise do you enjoy?
2 What do you know about yoga?

Glossary

लंबा	adj.	tall, long
बाल	m.	hair
साल	m.	year
अस्थमा	m.	asthma
परेशानी	f.	trouble, problem, concern

साँस	f.	breath
X पर ध्यान देना	vt.	to pay attention to X
सेहतमंद	adj.	healthy
आसन	m.	pose in yoga
सिखाना	vt.	to teach
पहला	adj.	first
ज़मीन	f.	ground
पीठ	f.	back (body part)
बिल्कुल	adv.	absolutely
सीधा	adj.	straight
रखना	vt.	to put
आँख	f.	eye
बंद करना	vt.	to close
हाथ	m.	hand, arm
आगे	adv.	forward, in front
पीछे	adv.	backward, behind
घुटना	m.	knee
शांति	f.	peace
दूसरा	adj.	second, other
खड़ा हो जाना	vi.	to stand up
ऊपर	adv.	up
नीचे	adv.	down
गोल घुमाना	vt.	to move in a circle
उलटी तरफ़	adv.	in the opposite direction
पैर	m.	leg, foot
सिर	m.	head
दोस्त	m.	friend
देखना	vt.	to see, to look
हँसना	vi.	to laugh
बोलना	vt.	to speak
गला	m.	throat
मुँह	m.	mouth, face
खोलना	vt.	to open
नाक	f.	nose
कान	m.	ear
बाँह	f.	arm

Text

मेरा नाम नेहा है । मैं शिमला में रहती हूँ । मैं बहुत सुन्दर और लंबी हूँ । मेरे बाल भी बहुत लंबे हैं । दो साल से मुझे अस्थमा है । लेकिन फिर भी मुझे कोई परेशानी नहीं होती, क्योंकि मैं रोज़ योग करती हूँ । योग में मैं साँस पर ध्यान देती हूँ । मुझे योग करना बहुत पसंद है क्योंकि योग से मैं हमेशा सेहतमंद रहती हूँ । चलिए, मैं आपको कुछ आसन सिखाती हूँ । आप लोग भी मेरे साथ योग कीजिए ।

पहला योग

ज़मीन पर बैठिए । पीठ बिल्कुल सीधी रखिए । आँखें बंद कीजिए । दोनों हाथ आगे कीजिए । फिर हाथ पीछे कीजिए ।

अपने हाथ घुटनों पर रखिए । अब पाँच बार बोलिए, "शांति ।"

दूसरा योग

अब खड़े हो जाइए । दोनों हाथ ऊपर कीजिए ।
हाथ नीचे कीजिए ।
फिर पाँच बार हाथ गोल घुमाइए ।
अब पाँच बार हाथ उलटी तरफ़ गोल घुमाइए ।
इसके बाद पाँच बार आँखें गोल घुमाइए ।
अब उलटी तरफ़ आँखें गोल घुमाइए ।
पैर गोल घुमाइए ।
अब उलटी तरफ़ पैर गोल घुमाइए ।
पाँच बार सिर गोल घुमाइए ।
अब सिर उलटी तरफ़ गोल घुमाइए ।
अब कुरसी पर बैठिए । अपने दोस्त को देखिए और हँसिए ।
हा हा हा, हा हा हा !
फिर बोलिए, "आपका दिन बहुत अच्छा हो ।"

Notes on culture

Yoga is a form of exercise and meditation practiced throughout India and around the world. Yoga is closely related to Ayurveda, a form of traditional healing. Practitioners advocate a regimen of yoga and diet for general wellness, longevity, and the treatment of illness.

Outside India, where the practice of yoga often has little connection to religion, many are unaware that yoga has long been a contentious topic in political debates among Indians over secularism, religious nationalism, and majoritarian politics.

A) Reading questions

Answer the following questions in complete sentences based on the chapter text.

1   नेहा कहाँ रहती है ?
2   क्या नेहा लंबी है ?

3 क्या नेहा के बाल छोटे हैं ?
4 नेहा योग क्यों करती है ?
5 नेहा को क्या परेशानी है ?
6 क्या आपको भी योग पसंद है ?
7 नेहा कितनी बार हाथ गोल घुमाती है ?
8 अंग्रेज़ी में कैसे कहते हैं "आपका दिन बहुत अच्छा हो ?"

B) Identify the body parts

Identify each of the body parts in Figure 7.2 by filling in the boxes with the words from the following list. For a review of Hindi body parts, see Appendix 2.

| पेट | कान | आँख | नाक | गला |
| पैर | हाथ | मुँह | बाल | बाँह |

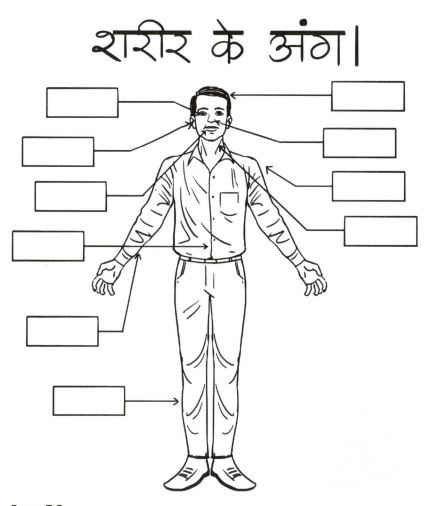

FIGURE 7.2

C) *Fill in the blanks*

Complete the sentences by filling in the blanks with the polite command form of the verbs in parentheses. Then translate into English, following the example. Remember that some verbs have irregular command forms.

Example: आप खड़े _____ । (हो जाना)

Answer: आप खड़े हो जाइए । (Stand up.)

1 आप हाथ ऊपर _____ । (करना)
2 दोनों हाथ गोल _____ । (घुमाना)
3 मुँह न _____ । (खोलना)
4 आँखें नीचे _____ । (करना)
5 एक पैर आगे _____ । (रखना)
6 दोस्त को _____ । (देखना)
7 हाथ पेट पर _____ । (रखना)
8 गंदा खाना न _____ । (लेना)
9 कान बंद _____ । (करना)
10 हिंदी रोज़ _____ । (बोलना)

D) *Yogi says*

Using the chapter text as a model, use commands to instruct your partner in a series of five yoga poses. Then swap roles and repeat.

Example: खड़े हो जाइए और हाथ ऊपर कीजिए । हाथ नीचे । अब हाथ गोल घुमाइए ।

E) *Teach me how to play*

Teach your partner how to play your favorite sport. First tell your partner what items are needed, then give commands to demonstrate how the sport is played step-by-step, following the example.

Example: टेनिस

इस खेल के लिए आपको दो टेनिस रेकिट और कुछ टेनिस गेंदें चाहिए और दो खिलाड़ी भी चाहिए ।
इसमें दो टीमें होती हैं ।
पहले रेकिट और गेंद लीजिए । फिर रेकिट से गेंद को मारिये । दूसरा खिलाड़ी गेंद को वापस
मारता है । जीतने के लिए गेंद को मारना ज़रूरी है । जो गेंद को नहीं मारता, वह हारता है ।
ज़्यादा गेंद मारिए तो जीत आपकी ।

Some useful vocabulary:

कूदना	vi.	to jump
खिलाड़ी	m.	player (game, sport)
खेल	m.	sport
गेंद	f.	ball
जीतना	vi.	to win
जो	pn.	whoever
दौड़ना	vi.	to run
पकड़ना	vt.	to catch
फेंकना	vt.	to throw
भागना	vi.	to run away
मारना	vt.	to hit
स्कोर करना	vt.	to score
हारना	vi.	to lose

8

सिमरन की छोटी-सी कहानी

1　Describe your routine in the mornings before you leave home.
2　Do you have any bad habits that you'd like to break?

Glossary

विश्वविद्यालय	m.	university
घूमना	vi.	to wander, to go on an outing
बहन	f.	sister
X को लगता है कि . . .	vi.	It seems to X that . . ., X thinks that . . .

कोई	pn.	someone, anyone
X को प्यार करना	vt.	to love X
हफ़्ता	m.	week
राजमा	m.	kidney beans
थोड़ा-सा	adj.	a little
मोटा	adj.	fat
पूछना	vt.	to ask
X को Y चाहिए	phr.	for X to want Y
कहना	vt.	to say
क्यों	inter.	why
बुरा	adj.	bad
आदत	f.	habit
दिन-भर	adv.	all day
क़रीब	adv.	approximately
काला	adj.	black
शादी	f.	marriage
मज़े से	adv.	with pleasure, enjoyment

Text

सिमरन दिल्ली विश्वविद्यालय में पढ़ती है । उसको किताबें पढ़ना और घूमना बहुत पसंद है । उसके घर में मम्मी-पापा, बड़ा भाई, और छोटी बहन हैं । उसकी छोटी बहन भी दिल्ली विश्वविद्यालय में पढ़ती है और बड़ा भाई दफ़्तर जाता है ।

सिमरन को लगता है कि उसे कोई प्यार नहीं करता । मम्मी छोटी बहन के लिए रोज़ दाल बनाती हैं क्योंकि उसको दाल अच्छी लगती है । बड़े भाई के लिए मम्मी हर हफ़्ते राजमा बनाती हैं क्योंकि उसको राजमा बहुत पसंद है । सिमरन को समोसे पसंद हैं लेकिन मम्मी समोसे कभी-कभी बनाती हैं ।

सिमरन थोड़ी-सी मोटी है । मम्मी पूछती हैं, "सिमरन, कितने समोसे चाहिए ?"

अगर सिमरन कहती है, "दो," तो मम्मी कहती हैं, "दो क्यों ? चार खाओ ।"

सब लोग हँसते हैं । यह सिमरन को पसंद नहीं है ।

सिमरन सुबह विश्वविद्यालय जाती है । वहाँ वह दोस्तों से मिलती है और कक्षाओं में जाती है ।

सिमरन को एक बुरी आदत है । वह चाय बहुत पीती है । दिन-भर में वह क़रीब पाँच बार चाय पीती है क्योंकि उसके कॉलेज के दोस्त भी बहुत चाय पीते हैं ।

सिमरन की मम्मी कहती हैं, "चाय पीने से काले होते हैं । काली लड़की से कोई शादी नहीं करता ।"

सिमरन कहती है, "अच्छा है, क्योंकि मैं शादी नहीं करना चाहती ।" फिर वह मज़े से चाय पीती है ।

Notes on culture

चाय, North India's ubiquitous hot beverage, is made by brewing black tea with equal parts water and milk, ginger (अदरक), cardamom (इलायची), and a generous amount of sugar. Most people take regular breaks for चाय throughout the day, and a roadside चायवाला (tea-seller) is present wherever there is a moderate amount of foot-traffic.

It's a common saying that drinking चाय will cause your complexion to darken. This saying points to many Indians' preoccupation with fair skin. A preference for light complexion is expressed openly in matrimonial advertisements. It also drives the thriving market for so-called "fairness creams," advertised by Bollywood superstars, that promise to lighten users' complexions. All this goes to reinforce the troubling message that a fair complexion is favorable for achieving a successful career and marriage.

A) Reading questions

Answer the following questions in complete sentences based on the chapter text.

1 सिमरन कहाँ पढ़ती है ?
2 सिमरन को क्या करना पसंद है ?
3 सिमरन के परिवार में कौन-कौन हैं ?
4 सिमरन को क्यों लगता है कि उसे कोई प्यार नहीं करता ?
5 मम्मी सिमरन की छोटी बहन के लिए क्या बनाती हैं ?
6 सिमरन को क्या खाना पसंद है ?
7 सिमरन को क्या बुरी आदत है ?
8 सिमरन इतनी चाय क्यों पीती है ?
9 क्या आपको लगता है कि चाय पीने से लोग काले होते हैं ?

B) What should I do?

Imagine that your friend has asked you the following questions. Respond to each question with a command in the तुम form, following the example. You can also respond in the negative.

Example: Should I eat the samosa?
Answer: हाँ, समोसा खाओ । or नहीं, समोसा मत खाओ ।

1 When should I go home?
2 Should I open the door?
3 Should I make food?
4 How much money should I give you?
5 Should I do yoga?
6 Where should I sit?
7 What should I study?
8 Should I drink tea?

C) Discussion questions

Discuss these questions with a partner.

1   आप कहाँ पढ़ते / पढ़ती हैं ?
2   आपको क्या-क्या करना पसंद है ?
3   आप कहाँ रहते / रहती हैं ?
4   आपके घर में कौन-कौन हैं ?
5   आप दिन-भर क्या करते / करती हैं ?
6   क्या आप को कोई बुरी आदत है ?
7   आपको क्या पसंद है : चाय या कॉफ़ी ?
8   आपकी चाय या कॉफ़ी में क्या-क्या चीज़ें होती हैं ?
9   आपको अपने बारे में क्या पसंद है ?

D) Complete the comic strip

Study this comic strip. Then complete the story by writing one or two sentences for each panel of the comic.

E) Plan a dinner party

You and your partner would like to plan a dinner party for your friends Simran, Ahmad, and Maya. The following is a list of the dishes you could serve. Do a quick internet search to learn about any unfamiliar dishes. The chart indicates each friend's food preferences and dietary restrictions.

Your goal is to choose two dishes for the party that everyone will enjoy. You will propose each dish from the list. Then your partner will check the chart to see whether the dish will appeal to all of the guests. After discussing each of the possible dishes, choose the two dishes that you will serve.

Example: A) क्या सिमरन को चाय पसंद है ? (Does Simran like tea?)
B) हाँ, सिमरन को चाय बहुत पसंद है । (Yes, Simran likes tea very much.)

Possible dishes

आलू-गोभी
चिकन बिरयानी
आलू-मटर
शामी कबाब
नान
दाल-चावल
बैंगन-भर्ता
चाय

Food preferences

दोस्त का नाम	सिमरन	अहमद	माया
उसे बहुत पसंद है ।	समोसा चाय	गोभी दाल-चावल	कबाब कॉफ़ी
उसे पसंद नहीं ।	मिठाइयाँ नान	गोश्त बैंगन	दूध की चीजें मटर

9

मेरा मोबाइल कहाँ है ?

Pre-reading

1   What things do you and your siblings like to tease each other about?
2   If you were to misplace your phone, where would you look for it first?

Glossary

क्या हुआ ?	phr.	What happened?
शोर मचाना	vt.	to make noise
X को मालूम होना	vi.	for X to know
अपना	pn.	one's own (my own, your own, etc.)
X के नीचे	pp.	under X
X के ऊपर	pp.	above X
X के बीच में	pp.	in the middle of X, between X
कहीं नहीं	adv.	nowhere
ढूँढ़ना	vt.	to search
सबसे अच्छा	adj.	best
प्यारा	adj.	dear
पढ़ाई करना	vt.	to study
बकवास करना	vt.	to talk nonsense
तंग करना	vt.	to bother, to tease
जगह	f.	place

Text

बिट्टू	क्या हुआ ? तू क्यों परेशान है ?
मीतू	मालूम नहीं मेरा मोबाइल कहाँ है ।
बिट्टू	क्यों चाहिए, मोबाइल ? क्या रोहन को फ़ोन करना चाहती है ?
मीतू	पागल है क्या ? रोहन मेरा बॉयफ़्रेंड नहीं है ।
बिट्टू	मीतू हैज़ ए बॉयफ्रेंड । मीतू हैज़ ए बॉयफ़्रेंड ।
मीतू	भाग यहाँ से । मम्मी देखो ।
मम्मी	शोर मत मचाओ । क्या हुआ ?
मीतू	मालूम नहीं मेरा मोबाइल कहाँ है । क्या आपको मालूम है वह कहाँ है ?
मम्मी	सोफ़े पर देखो ।
मीतू	सोफ़े पर नहीं है ।
मम्मी	अपनी मेज़ पर देखो ।
मीतू	वहाँ नहीं है ।
मम्मी	सोफ़े के नीचे देखो ।
मीतू	सोफ़े के ऊपर, सोफ़े के नीचे, और सोफ़े के बीच में, कहीं नहीं है ।
मम्मी	अच्छा, मैं ढूँढ़ती हूँ । अरे, यह सोफ़े के बीच में है ।
मीतू	मम्मी, आप सबसे अच्छी हैं । मेरी प्यारी मम्मी ।
मम्मी	अच्छा ठीक है । अब पढ़ाई करो ।
बिट्टू	मीतू हैज़ ए बॉयफ्रेंड । मीतू हैज़ ए बॉयफ़्रेंड ।

मम्मी	क्या ? कौन है मीतू का बॉयफ्रेंड ?
मीतू	बेवक़ूफ़, बकवास मत कर । मेरा कोई बॉयफ़्रेंड नहीं है ।
बिट्टू	मीतू का बॉयफ़्रेंड रोहन है । रोहन, रोहन ।
मीतू	वह मेरा फ़्रेंड है, बॉयफ़्रेंड नहीं, ठीक है ?

Notes on culture

Despite Bollywood's fascination with love at first sight and star-crossed romance, dating was unusual in India until recently, and arranged marriage was the norm. Perhaps the novelty of dating helps explain why Hindi lacks common words for romantic partners. The English words "boyfriend" and "girlfriend" are used in everyday speech, while the Hindi equivalents प्रेमी and प्रेमिका are rarely used.

Aside from romance, the most common word for a friend is दोस्त, which is gender-neutral. The word सहेली, by contrast, is used only for the female friend of a female.

A) Reading questions

Answer the following questions in complete sentences based on the chapter text.

1 मीतू मोबाइल कहाँ-कहाँ ढूँढ़ती है ?
2 क्या आपको मालूम है कि बिट्टू कौन है ?
3 मीतू का मोबाइल कहाँ है ?
4 बिट्टू मीतू को कैसे तंग करता है ?
5 मीतू का मोबाइल कौन ढूँढ़ता है ?
6 क्या आपको बिट्टू पसंद है ?
7 क्या आपको लगता है रोहन मीतू का बॉयफ़्रेंड है ?
8 क्या आपको लगता है बिट्टू एक अच्छा भाई है ?

B) Fill in the blanks

Complete the sentences by filling in the blanks with the correct form of the words in parentheses. Then translate into English, following the example. Pay attention to agreement with oblique nouns.

Example: __________ (आपका) घर में कौन-कौन हैं ?
Answer: आपके घर में कौन-कौन हैं ? (Who's in your family?)

1 ________ (मेरा) मेज़ पर तीन किताबें हैं ।
2 बिट्टू ________ (अपना) बहन को तंग करता है ।
3 मोबाइल ________ (सोफ़ा) के ऊपर नहीं है ।
4 मैं ________ (अपना) दोस्त को फ़ोन करती हूँ ।
5 मीतू ________ (का) बॉयफ़्रेंड का नाम क्या है ?
6 मम्मी ________ (अपना) बेटी से बात करती हैं ।

7 _____ (आपका) बिस्तर के नीचे क्या है ?

8 तुम मुझे _____ (अपना) नाम बताओ ।

C) Discussion questions

Discuss the following questions with a partner.

1 आपके कमरे में हिंदी की किताब कहाँ है ?

2 आपके घर में कंप्यूटर और टीवी कहाँ है ?

3 आपके घर में मेज़ के ऊपर क्या है ?

4 आपके घर में कुरसी के नीचे क्या है ?

5 आपका घर कैसा है ? तीन-चार बातें बताइए ।

6 क्या आपको मालूम है कि आपका मोबाइल कहाँ है ?

7 क्या आपके भाई-बहन या दोस्त कभी आपको तंग करते हैं ? कैसे ?

8 क्या आप कभी अपने भाई-बहन या दोस्त को तंग करते / करती हैं ? कैसे ?

D) Scavenger hunt

Answer the questions in complete sentences based on Figure 9.2.

Figure 9.2

Some useful vocabulary:

अलमारी f. cupboard, कपड़ा m. clothing, घड़ी f. clock, छत f. ceiling, जूते m. shoes, टोकरी
f. basket, तकिया m. pillow, तस्वीर f. picture, दरवाज़ा m. door, दीवार f. wall, पंखा m.
fan, फ़र्श m. floor, बिस्तर m. bed

1   बिस्तर के ऊपर क्या-क्या चीजें हैं ?
2   मेज़ के ऊपर क्या-क्या है ?
3   किताब कहाँ है ?
4   जूते के पास क्या है ?
5   तकिया कहाँ है ?
6   पंखा कहाँ है ?
7   दरवाज़े के पास क्या है ?
8   तस्वीर में क्या है ?
9   तस्वीर कहाँ है ?
10 टोकरी में क्या है ?

E) Who, what, when, where, why?

Read the following paragraph and then answer the questions who, what, when, where, and why in relation to the character in the story. Write your answers in the boxes.

आज सुबह से रेखा बहुत परेशान है । उसे नहीं मालूम चाभी कहाँ है । वह घर में सब जगह चाभी ढूँढ़ती है । मेज़ के ऊपर, मेज़ के नीचे, कुरसी पर, और बिस्तर पर, लेकिन चाभी कहीं नहीं है । अब विश्वविद्यालय जाने का समय है । तभी रेखा का दोस्त दरवाज़ा खटखटाता है । वह दरवाज़ा खोलती है । तब वह देखती है चाभी तो दरवाज़े में है ।

परेशान	adj.	upset, anxious
चाभी	f.	key
खटखटाना	vt.	to knock
खोलना	vt.	to open

कौन ढूँढ़ती है ?	क्या ढूँढ़ती है ?

कब से ढूँढ़ती है ?	कहाँ-कहाँ ढूँढ़ती है ? 1. 2. 3. 4.

चाभी कहाँ है ?

10
आलू राजा

Pre-reading

1 What qualities do you look for in a friend?
2 What's your favorite vegetable? Does it go well with other foods?

Glossary

आलू	m.	potato
राजा	m.	king
भिंडी	f.	okra
X को अच्छा लगना	vi.	to seem good to X
X से दोस्ती करना	vt.	to make friends with X

X को गुस्सा आना	vi.	for X to get angry
पतला	adj.	thin
हरा	adj.	green
ख़ूबसूरत	adj.	beautiful
बदसूरत	adj.	ugly
उदास	adj.	sad
रोना	vi.	to cry
बैंगन	m.	eggplant
X को बताना	vt.	to tell X
कोई बात नहीं ।	phr.	No problem.
पसंद करना	vt.	to like, to choose
टमाटर	m.	tomato
गाजर	f.	carrot
पालक	m.	spinach
अकेला	adj.	alone
नकचढ़ा	adj.	arrogant, stuck up
केला	m.	banana
दही	m.	yogurt
पपीता	m.	papaya
मक्खन	m.	butter
संतरा	m.	orange (fruit)
सेब	m.	apple

Text

एक बार की बात है । आलू और भिंडी एक पार्टी में मिलते हैं । आलू को भिंडी बहुत अच्छी लगती है । फिर वह भिंडी से कहता है, "मैं तुम से दोस्ती करना चाहता हूँ ।"

भिंडी को बहुत गुस्सा आता है । वह कहती है, "देखो, मैं लंबी और पतली हूँ । मेरा रंग हरा है । मैं इतनी ख़ूबसूरत हूँ और तुम . . . तुम मोटे और बदसूरत हो । मैं तुमसे कभी दोस्ती नहीं करना चाहती ।"

बेचारा आलू बहुत उदास होता है और रोता है । तभी वहाँ बैंगन आता है । वह पूछता है, "क्या हुआ आलू ? तुम परेशान क्यों हो ?"

आलू बैंगन को बताता है, "मैं भिंडी से दोस्ती करना चाहता था, लेकिन भिंडी मुझसे दोस्ती नहीं करना चाहती क्योंकि वह लंबी और पतली है । उसका रंग हरा है और वह ख़ूबसूरत है, और मैं मोटा और बदसूरत हूँ ।"

बैंगन कहता है, "कोई बात नहीं । मैं तुम्हें पसंद करता हूँ और आज से मैं तुम्हारा दोस्त हूँ ।"

फिर वहाँ गोभी, मटर, टमाटर, गाजर, और पालक आते हैं और वे भी आलू से पूछते हैं, "क्या हुआ ? तुम बहुत उदास लगते हो ।"

आलू बताता है, "भिंडी मुझसे दोस्ती नहीं करना चाहती क्योंकि वह लंबी और पतली है । उसका रंग हरा है और वह ख़ूबसूरत है, और मैं मोटा और बदसूरत हूँ ।"

सब एक साथ बोलते हैं, "कोई बात नहीं । आज से हम सब तुम्हारे दोस्त हैं ।"

सभी सब्ज़ियों को आलू पसंद है । इसलिए कहते हैं कि वह सब्ज़ियों का राजा है । लोग आलू-बैंगन, आलू-पालक, आलू-गोभी, आलू टमाटर, आलू-गाजर, आलू-मटर बनाते हैं ।

लेकिन भिंडी को अकेले ही बनाते हैं क्योंकि नकचढ़ी भिंडी किसी सब्ज़ी से दोस्ती नहीं करती । और कोई भिंडी से दोस्ती नहीं करना चाहता ।

Notes on culture

A typical home-cooked vegetarian meal in North India consists of rice, flatbread, a legume dish (दाल, राजमा, etc.), and a vegetable dish known as **सब्ज़ी**. The name of the **सब्ज़ी** is simply the main vegetables in the dish. Popular combinations include **आलू-गोभी** and **आलू-पालक**. Some vegetables, like **भिंडी**, are usually cooked on their own.

A) Reading questions

Answer the following questions in complete sentences based on the chapter text.

1 आलू देखने में कैसा लगता है ?
2 आलू को भिंडी क्यों अच्छी लगती है ?
3 भिंडी को ग़ुस्सा क्यों आता है ?
4 आलू उदास क्यों है ?
5 आलू को सब्ज़ियों का राजा क्यों कहते हैं ?
6 लोग आलू के साथ कौन-सी सब्ज़ियाँ बनाते हैं ?
7 भिंडी से कोई दोस्ती क्यों नहीं करता ?
8 इस कहानी से हम क्या सीखते हैं ?

B) Make a shopping list

Your friend has given you a list of foods to buy from the market. Organize the list by filling in the chart with the items according to where they are purchased. Do a quick internet search to learn about any unfamiliar foods.

आम	आलू	केला	गोभी	टमाटर	दही	दूध	पपीता
पनीर	पालक	भिंडी	मक्खन	संतरा	सेब		

सब्ज़ीवाला	फलवाला	डेरी

C) Discussion questions

Discuss these questions with a partner.

1 आपको कौन-सी सब्ज़ी सबसे सुन्दर लगती है और क्यों ?
2 आपको कौन-सी सब्ज़ी सबसे बदसूरत लगती है और क्यों ?
3 कौन-सी सब्ज़ियाँ हरी होती हैं ?
4 कौन-सी सब्ज़ियाँ लाल होती हैं ?
5 आपकी मनपसंद सब्ज़ी कौन-सी है और क्यों ?
6 कौन-सी सब्ज़ियाँ आप कभी नहीं खाते / खातीं और क्यों ?
7 आप कौन-सी सब्ज़ियाँ हर हफ़्ते खाते / खाती हैं ?
8 कौन-सी सब्ज़ियाँ आप सिर्फ़ कभी-कभी ख़रीदते / ख़रीदती हैं ?

D) Describe these fruits and vegetables

For each of the following fruits and vegetables, think of a few different attributes. Then write a sentence describing each item, following the example.
    Some useful adjectives:

कड़वा (bitter)	खट्टा (sour)	गोल (round)	चिपचिपा (slimy)	छोटा (small)
पतला (thin)	पत्तेदार (leafy)	पीला (yellow)	फीका (bland)	बैंगनी (purple)
मीठा (sweet)	लंबा (tall)	लाल (red)	सफ़ेद (white)	हरा (green)

Example: भिंडी > भिंडी हरी, पतली, लंबी, और चिपचिपी होती है ।
(Okra is green, thin, long, and slimy.)

1 केला
2 मटर
3 सेब
4 गोभी
5 पालक
6 बैंगन
7 गाजर

E) Guessing game

Meet with a partner. Think of a fruit or vegetable, and then describe its attributes to your partner without revealing its name. Your partner will try to guess the item. When your partner guesses correctly, switch roles and repeat. See who can provide the most attributes before the other guesses the item.

भाग दो

थोड़ा आगे, थोड़ा पीछे

11
माला की चिट्ठी

Pre-reading

1 What would you like and dislike about living in a joint family?
2 What would you do if someone in your family didn't like your spouse?

Glossary

चिट्ठी	f.	letter
पति	m.	husband
सास	f.	mother-in-law
ससुर	m.	father-in-law
महीना	m.	month
सफ़ाई करना	vt.	to clean
अगर . . . तो . . .	conj.	if . . . then . . .
सारा	adj.	entire
जेठानी	f.	wife of husband's elder brother
मुंडन	m.	a child's ceremonial first haircut
ननद	f.	husband's sister
X को याद करना	vt.	to miss X
मौसा	m.	husband of mother's sister
मौसी	f.	mother's sister
मामा	m.	mother's brother
मामी	f.	wife of mother's brother
X से नाराज़ होना	vi.	to be angry with X
प्यार	m.	love
पत्नी	f.	wife

Text

नमस्ते माँ,

मैं यहाँ ठीक हूँ । आप लोग वहाँ कैसे हैं ? यहाँ मेरे पति और सास-ससुर भी ठीक हैं । मैं उनके लिए आपकी रेसिपी से दाल बनाती हूँ क्योंकि उन्हें आपकी रेसिपी बहुत पसंद है ।

मैं अब दफ़्तर जाती हूँ । सब लोग कहते हैं, "शादी के बाद दो तीन महीने आराम करो ।" लेकिन घर पर बहुत काम होते हैं जैसे खाना बनाना, कपड़े धोना, सफ़ाई करना । अगर मैं घर में हूँ तो सारा काम मैं करती हूँ । लेकिन अगर मैं दफ़्तर जाती हूँ तो मेरी सास खाना बनाती हैं । कभी-कभी मेरे पति घर की सफ़ाई करते हैं और कपड़े धोते हैं । इसलिए मुझे दफ़्तर जाना ज़्यादा पसंद है ।

दस मार्च को मेरी जेठानी के बेटे का मुंडन है, इसलिए हमारे घर में एक पार्टी है । पार्टी का खाना मैं अपनी ननद के साथ बना रही हूँ । आप लोग और दादा-दादी भी इस पार्टी में आइए । मेरे सास-ससुर भी आप लोगों से मिलना चाहते हैं ।

मैं दादा-दादी को बहुत याद करती हूँ । शादी में मौसा-मौसी और मामा-मामी नहीं थे । क्या अब मौसा ठीक हैं ? मुझे मालूम है कि मामा-मामी मुझसे नाराज़ हैं क्योंकि वे मेरे पति को पसंद नहीं करते । उनसे कहिए कि मेरे पति बहुत अच्छे हैं । मैं उनको भी बहुत याद करती हूँ । मैं चाहती हूँ कि आप सब लोग मेरे घर आइए ।

सबको मेरा प्यार,

आपकी बेटी,

माला

Notes on culture

Although nuclear families have become commonplace in India, the ideal of "joint families" remains popular. In a joint family, multiple generations live together in a single home, with brothers continuing to reside with their parents after marriage, along with their wives and children.

Daughters, by contrast, are expected to live with their in-laws after marriage. It's customary for in-laws to give a new bride time to settle into her marital home before assigning her a share of the household chores.

In a मुंडन ceremony, the hair of a child's head is shaved for the first time. This is an auspicious event celebrated with family and friends.

A) Reading questions

Answer the following questions in complete sentences based on the chapter text.

1   माला किसको चिट्ठी लिख रही है ?
2   माला के पति के परिवार में कौन-कौन हैं ?
3   अगर माला दफ़्तर जाती है तो घर का काम कौन करता है ?
4   माला की जेठानी के बेटे का मुंडन कब है और कहाँ है ?
5   पार्टी का खाना कौन बना रहा है ?
6   माला की शादी में कौन-कौन नहीं था ?
7   माला की शादी में मौसा-मौसी और मामा-मामी क्यों नहीं थे ?
8   माला के पति को कौन पसंद नहीं करता ?

B) Word search

Find and circle at least ten words for family relationships from this chapter.

मा	म	ता	चा	चा
मी	मौ	दा	दी	ची
सा	सा	न	न	द
स	जे	ठा	नी	सा
स	सु	र	चा	ली
प	ति	बे	टी	ल

C) *True or false*

The family tree shown in Figure 11.2 indicates the kinship terms that Mala would use for her in-laws. Study the family tree and then indicate if each statement is true or false by circling सही (true) or ग़लत (false). Correct each false statement.

1	सही	ग़लत	मेरे पति की बहन मेरी ननद है ।
2	सही	ग़लत	मेरे पति की माँ मेरी जेठानी हैं ।
3	सही	ग़लत	मेरे पति के बड़े **भाई** मेरे देवर हैं ।
4	सही	ग़लत	मेरे पति के पिता मेरे जेठ हैं ।
5	सही	ग़लत	मेरे पति का छोटा भाई मेरा देवर है ।
6	सही	ग़लत	मेरे पति का परिवार मेरी ससुराल है ।

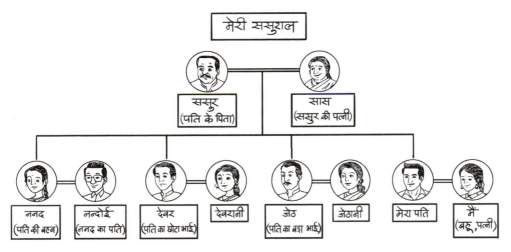

FIGURE 11.2

D) *Fill in the blanks*

Study the family tree shown in Figure 11.3. Then complete the sentences by filling in the blanks with one of the following kinship terms, following the example.

Example: अनिका सिंह जगजीत सिंह की _____ है ।
Answer: अनिका सिंह जगजीत सिंह की पोती है ।
(Anika Singh is Jagjeet Singh's granddaughter.)

चाचा	बेटा	माँ	भाई	सास
बुआ	पत्नी	पति	मामा	नानी

1 सुशील सिंह रेशमा सिंह का _____ है ।
2 सरोज चौहान रेशमा सिंह की _____ है ।
3 पूनम सिंह रेशमा सिंह की _____ है ।
4 सीमा सिंह अनिका सिंह की _____ है ।
5 धर्मवीर सिंह अनिका सिंह का _____ है ।
6 अभिनव सिंह सुशील सिंह का _____ है ।
7 भीम चौहान सनाया सिंह का _____ है ।
8 सरोज चौहान सनाया सिंह की _____ है ।
9 जगजीत सिंह पूनम सिंह का _____ है ।
10 भीम चौहान रेशमा सिंह का _____ है ।
11 जगजीत सिंह अभिनव सिंह का _____ है ।

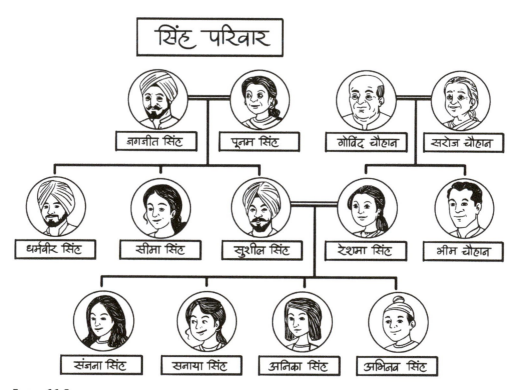

FIGURE 11.3

E) Create your own family tree

Complete the family tree shown in Figure 11.4 by filling in the blanks with the names of your own family members. For the blanks that have multiple options, check the appropriate box to indicate the person's relation to you.

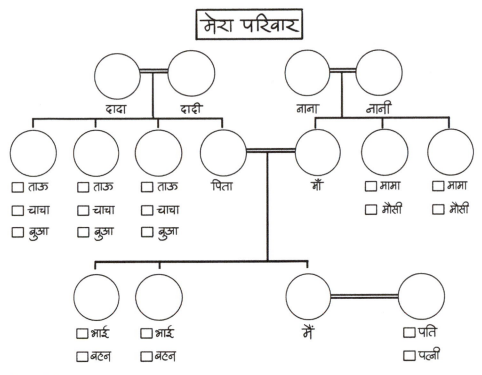

मेरा परिवार
दादा
दादी
नाना
नानी
ताऊ
चाचा
बुआ
ताऊ
चाचा
बुआ
ताऊ
चाचा
बुआ
पिता
माँ
मामा
मौसी
मामा
मौसी
भाई
बहन
भाई
बहन
मैं
पति
पत्नी

FIGURE 11.4

12

क्या होटल में कमरा ख़ाली है ?

Pre-reading

1   What features and services do you look for in a hotel?
2   Describe your most memorable stay in a hotel.

Glossary

ख़ाली	adj.	empty
ए॰सी॰	m.	AC (air-conditioning)
किराया	m.	rate, fare
हज़ार	adj.	thousand
अठारह	adj.	eighteen
सौ	adj.	hundred
लगाना	vt.	to set (a price), to apply, to attach
दिखाना	vt.	to show
कोई और	pn.	any other, another
X से बात करना	vt.	to talk with X
ख़ास	adj.	special
अभी	adv.	right now
खुला (हुआ)	adj.	open
बंद	adj.	closed
मिलना	vi.	to be available, to obtain
लेना	vt.	to take
बाद में	adv.	later
फ़र्क़	m.	difference

Text

फ़ैज़ा	मुझे एक कमरा चाहिए ।
मैनेजर	आपको कितने दिन के लिए कमरा चाहिए ?
फ़ैज़ा	तीन दिन के लिए ।
मैनेजर	क्या ए॰सी॰ कमरा चाहिए ?
फ़ैज़ा	हाँ, मुझे ए॰सी॰ कमरा चाहिए ।
मैनेजर	ठीक है, इसका किराया दो हज़ार रुपए है ।
फ़ैज़ा	यह बहुत ज़्यादा है । अठारह सौ रुपए लगाइए ।
मैनेजर	ठीक है, मैडम ।
फ़ैज़ा	मैं कमरा देखना चाहती हूँ ।
मैनेजर	हाँ, ज़रूर । अरे छोटू, मैडम को दो सौ एक नम्बर कमरा दिखाओ ।

(फ़ैज़ा कमरा देखती है ।)

फ़ैज़ा	यह कमरा तो बहुत गन्दा है और छोटा भी है ।
छोटू	मैं अभी कमरा साफ़ करता हूँ ।
फ़ैज़ा	मुझे यह कमरा बिल्कुल पसंद नहीं है । कोई और कमरा दिखाइए ।
छोटू	मैनेजर से बात कीजिए ।
फ़ैज़ा	मुझे वह कमरा पसंद नहीं है । वह बहुत गन्दा है ।
मैनेजर	कोई बात नहीं, मैडम । दूसरा कमरा भी है ।
फ़ैज़ा	मुझे थोड़ा बड़ा और साफ़ कमरा चाहिए ।
मैनेजर	बिल्कुल । तीन सौ तीन नम्बर कमरा बड़ा और साफ़ है । छोटू, मैडम को तीन सौ तीन नम्बर कमरा दिखाओ ।

(फ़ैज़ा कमरा देखती है ।)

फ़ैज़ा	कमरा ठीक है लेकिन कोई ख़ास नहीं । क्या यहाँ कोई रेस्टोरेंट है ?
मैनेजर	हाँ, मैडम । हमारे होटल में एक रेस्टोरेंट है ।
फ़ैज़ा	क्या रेस्टोरेंट अभी खुला है ?
मैनेजर	नहीं, अभी वह बंद है लेकिन होटल के सामने गुलशन ढाबा खुला है ।
फ़ैज़ा	क्या वहाँ अच्छा खाना मिलता है ?
मैनेजर	हाँ, बहुत अच्छा पंजाबी खाना मिलता है ।
फ़ैज़ा	ठीक है । मैं पहले खाना खाना चाहती हूँ ।
मैनेजर	लेकिन मैडम, पहले कमरा तो लीजिए ।
फ़ैज़ा	बाद में ।

Notes on culture

When booking a hotel in India, customers will ask to see multiple rooms before choosing one. It's normal to bargain over the room rate, and a hotel will often give a discount if business is slow. With online booking, there are fewer chances to bargain in person; but it's still worth asking for a discount, especially in the off-season.

A) Reading questions

Answer the following questions in complete sentences based on the chapter text.

1 फ़ैज़ा को कमरा कितने दिनों के लिए चाहिए ?
2 फ़ैज़ा को कैसा कमरा चाहिए ?
3 कमरा कितने का है ?
4 फ़ैज़ा को दो सौ एक नम्बर कमरा क्यों पसंद नहीं है ?

5 तीन सौ तीन नम्बर कमरे में और दो सौ एक नम्बर कमरे में क्या फ़र्क़ है ?
6 फ़ैज़ा होटल के रेस्टोरेंट में क्यों नहीं खाती है ?
7 होटल के सामने कौन-सा ढाबा है ?
8 क्या आपको लगता है फ़ैज़ा को कमरा चाहिए ?

B) Find the match

Match each numeral with its Hindi equivalent. For a review of Hindi numbers, see Appendix 1.

1	2000	a	चार हज़ार
2	3500	b	एक हज़ार
3	1000	c	अठारह सौ
4	2500	d	डेढ़ हज़ार
5	1800	e	दो हज़ार
6	900	f	साढ़े तीन हज़ार
7	4000	g	नौ सौ
8	1500	h	ढाई हज़ार

C) Fill in the blanks

Complete the sentences by filling in the blanks with the contracted form of the phrases in parentheses. Then translate into English, following the example.

Example: __________ (मुझको) एक कमरा चाहिए ।
Answer: मुझे एक कमरा चाहिए । (I need a room.)

1 क्या ________ (उसको) छोटा कमरा पसंद है ?
2 क्या ________ (हमको) ए॰सी॰ पसंद है या पंखा ?
3 ________ (उनको) बड़ा कमरा पसंद है ।
4 ________ (आपको) कमरे में कितने पलंग चाहिए ?
5 ________ (मुझको) कमरे में टीवी भी पसंद है ।
6 क्या ________ (तुमको) दो हज़ार रुपए चाहिए ?
7 ________ (हमको) अठारह सौ रुपए चाहिए ।

D) Hotel tariff

Study the chart below. Then answer the following questions in complete sentences.

1 कौन-सा कमरा सबसे सस्ता है ?
2 कौन-सा कमरा सबसे महँगा है ?

3 किन कमरों में पंखे नहीं हैं ?
4 किस कमरे में सबसे ज़्यादा कुरसियाँ हैं ?
5 किस कमरे में सबसे कम मेज़ है ?
6 किन कमरों में एक पलंग है ?
7 कमरा नम्बर दो सौ पाँच में क्या-क्या चीज़ें हैं ?
8 किस कमरे में टीवी चैनल मुफ़्त है ?
9 आपको कौन-सा कमरा पसंद है और क्यों ?

होटल लैला

कमरा 405	कमरा 302	कमरा 103	कमरा 203	कमरा 205
ए०सी०	पंखा	ए० सी०	पंखा	कूलर
दो पलंग	एक पलंग	तीन पलंग	दो पलंग	एक पलंग
पाँच कुरसियाँ	दो कुरसियाँ	तीन कुरसियाँ	चार कुरसियाँ	एक कुरसी
दो मेज़ें	एक मेज़	दो मेज़ें	चार मेज़ें	मेज़ नहीं है
टीवी	टीवी	टीवी	टीवी में सभी चैनल मुफ़्त	टीवी नहीं है
चार खिड़कियाँ	दो खिड़कियाँ	चार खिड़कियाँ	दो खिड़कियाँ	एक खिड़की
दो दरवाज़े	एक दरवाज़ा	एक दरवाज़ा	एक दरवाज़ा	एक दरवाज़ा
फ़्रिज	फ़्रिज	फ़्रिज	फ़्रिज	फ़्रिज नहीं है
तीन हज़ार रुपए	डेढ़ हज़ार रुपए	चार हज़ार रुपए	दो हज़ार रुपए	एक हज़ार रुपए

E) Role-play: hotel manager and customer

Meet with a partner and create a role-play between a hotel manager and a customer following the given scenario. Then switch roles and repeat.

Student A: You are the manager of Hotel Laila. You have five available rooms whose features are given in the tariff sheet in the previous activity. Ask the customer questions in order to determine his or her preferences for each of the features listed in the tariff sheet. Use चाहिए and पसंद wherever possible. After questioning the customer, determine which room is the best fit and negotiate a room rate.

Student B: You are a customer who needs a room for the night. Without looking at the tariff sheet in the previous activity, answer the hotel manager's questions about which features you prefer. After choosing a room, ask for the rate and negotiate a discount.

13
विनोद की शिक्षा

Pre-reading

1   Does every child in your country receive a good education? Why or why not?
2   Have people ever stared at you because of your appearance? How did you react?

Glossary

शिक्षा	f.	education
आजकल	adv.	nowadays
शहर	m.	city
पुराना	adj.	old (inanimate)
नया	adj.	new
मशहूर	adj.	famous
घूरना	vt.	to stare
सूट-सलवार	m.	a "Punjabi suit" worn by women
पहनना	vt.	to wear
X को आदत होना	vi.	for X to become used to
पढ़ाना	vt.	to teach
बच्चा	m.	child
सवाल करना	vt.	to ask a question
कहानी सुनाना	vt.	to tell a story
X से प्यार करना	vt.	to love X
दुकान	f.	shop, store
छोटा-मोटा	adj.	minor, insignificant
छुट्टी	f.	vacation, time off
X की मदद करना	vt.	to help X
विदेश	m.	foreign land
दोपहर को	adv.	in the afternoon

Text

कोर्टनी कनाडा से है । वह आजकल दिल्ली में रहती है । दिल्ली बहुत बड़ा शहर है । वहाँ पुरानी दिल्ली और नई दिल्ली है । पुरानी दिल्ली बहुत ख़ूबसूरत है । वहाँ का चाँदनी चौक, जामा मस्जिद, और लाल क़िला बहुत मशहूर है ।

पहले कोर्टनी जींस, स्कर्ट, और टॉप पहनती थी तो लोग उसे घूरते थे । अब वह सूट-सलवार पहनती है । लोग उसे अब भी घूरते हैं लेकिन अब उसे आदत है ।

कोर्टनी पुरानी दिल्ली में रहती है और वह एक स्कूल में अंग्रेज़ी पढ़ाती है । उसको यह स्कूल बहुत पसंद है । वह सोमवार से शुक्रवार तक शाम को पढ़ाती है और शनिवार और इतवार को सुबह पढ़ाती है ।

वहाँ छोटे बच्चे उससे बहुत सवाल करते हैं जैसे :

" 'किताब' को इंग्लिश में क्या कहते हैं ?"

" 'मेंगो' का मतलब हिंदी में क्या है ?"

वहाँ **बच्चे** उससे कनाडा के बारे में भी पूछते हैं, जैसे "कनाडा में **लोग क्या** खाते हैं ? कनाडा में **बच्चे क्या** पढ़ते हैं ? और वहाँ **लोग सारा दिन क्या** करते हैं ?"

कोर्टनी स्कूल के बच्चों को रोज़ एक कहानी सुनाती है । बच्चे उससे बहुत प्यार करते हैं ।

स्कूल के सामने एक चाय की दुकान है । वहाँ एक **छोटा बच्चा काम** करता है । उसका नाम विनोद है । वह स्कूल नहीं जाता । उसके घर के सब लोग छोटे-मोटे काम करते हैं । विनोद की शनिवार और इतवार को छुट्टी होती है । उस दिन कोर्टनी उसे शाम को मुफ़्त में पढ़ाती है । विनोद के पिता को यह पसंद नहीं है लेकिन फिर भी वे कुछ नहीं कहते ।

Notes on culture

Delhi, the capital of modern India, has been the seat of several dynasties in history, including the Lodhis, the Mughals, and the British. Delhi's architecture reflects this diversity with its mix of Persian, Indic, and European styles. The ruins of several ancient cities are scattered throughout Delhi's metropolitan area. For residents of the city, Old Delhi refers to the walled city built by the Mughals, while New Delhi refers to the modern city that surrounds the British-era administrative center.

For daily wear, most women in North India choose a सूट-सलवार, also known as a Punjabi suit. This outfit consists of a long shirt, loose-fitting pants, and an oversize scarf called a दुपट्टा.

Over the past two decades, India's government has instituted the "सर्व शिक्षा अभियान," a campaign to ensure free education for all. Despite this campaign, child labor continues to be widespread, and the children of refugees and impoverished families often receive limited education.

A) Reading questions

Answer the following questions in complete sentences based on the chapter text.

1 कोर्टनी कहाँ से है ?
2 वह भारत में कहाँ रहती है ?
3 दिल्ली में क्या-क्या मशहूर है ?
4 कोर्टनी दिल्ली में क्या करती है ?
5 कोर्टनी सूट-सलवार क्यों पहनती है ?
6 बच्चे कोर्टनी से कनाडा के बारे में क्या पूछते हैं ? आप इन सवालों का जवाब दीजिए ।
7 कोर्टनी कौन-से दिन सुबह पढ़ाती है और कौन-से दिन शाम को ?
8 विनोद कौन है ? वह स्कूल क्यों नहीं जाता ?

B) Discussion questions

Discuss these questions with a partner.

1 आप शाम को घर पहुँचने के बाद क्या-क्या काम करते / करती हैं ?
2 आप रात को सोने से पहले क्या-क्या काम करते / करती हैं ?
3 क्या आप विदेशों में घूमना चाहते / चाहती हैं ?

4   आप दूसरे लोगों की मदद कैसे करते / करती हैं ?

5   क्या आप भी बच्चों को कुछ पढ़ाते / पढ़ाती हैं ? उसके बारे में बताइए ।

6   क्या आपके देश में सब बच्चे पढ़ते हैं ?

7   सब बच्चों को पढ़ना क्यों ज़रूरी है ?

8   अंग्रेज़ी पढ़ना क्यों ज़रूरी है ?

C) Place the days in order

Place the days of the week in order from Sunday to Saturday by numbering the blanks 1 through 7. Then make sentences describing what you do on each day, following the example.

Example: शुक्रवार को मैं अपनी माँ की मदद करती हूँ । (On Fridays I help my mom.)

_____ गुरुवार

_____ शनिवार

_____ बुधवार

_____ मंगलवार

_____ सोमवार

_____ इतवार

_____ शुक्रवार

D) Courtney's schedule

Here is Courtney's schedule for the week. Study the schedule and then complete the following sentences describing her routine, following the example. Be sure to include the time and part of the day.

Calendar

इतवार	सोमवार	मंगलवार	बुधवार	गुरुवार	शुक्रवार	शनिवार
बारह बजे दोपहर को नाचना	एक बजे दोपहर को कक्षा जाना	बारह बजे दोपहर को हिंदी पढ़ाना	ग्यारह बजे सुबह तस्वीर बनाना	एक बजे दोपहर को फ़ोन करना	एक बजे दोपहर को दोस्त से मिलना	बारह बजे दोपहर को सोना
तीन बजे दोपहर को योग करना	चार बजे शाम को खाना खाना	पाँच बजे शाम को टीवी देखना	चार बजे शाम को खाना बनाना	तीन बजे शाम को गिटार बजाना	पाँच बजे शाम को चाय पीना	चार बजे शाम को गिटार बजाना
छह बजे शाम को घर का काम करना	सात बजे शाम को पढ़ना	आठ बजे रात को बाज़ार से सामान लाना	नौ बजे रात को टेनिस खेलना	नौ बजे रात को पढ़ना	दस बजे रात को चिट्ठी लिखना	ग्यारह बजे रात को घर साफ़ करना

Example: इतवार को बारह बजे . . .

Answer: इतवार को बारह बजे कोर्टनी नाचती है ।

(Courtney dances on Sunday at 12 o'clock.)

1   शुक्रवार को शाम को . . .
2   शनिवार को दोपहर को . . .
3   सोमवार को एक बजे . . .
4   इतवार को तीन बजे . . .
5   बुधवार को शाम को . . .
6   सोमवार को सात बजे . . .

E) What does Courtney do before and after?

Answer the following questions in complete sentences based on Courtney's schedule in the previous activity. Follow the example given here.

Example: सोमवार को खाना खाने के बाद कोर्टनी क्या करती है ?

Answer: सोमवार को खाना खाने के बाद कोर्टनी पढ़ती है ।

(Courtney studies after having dinner.)

1   बुधवार को खाना बनाने से पहले कोर्टनी क्या करती है ?
2   शनिवार को शाम को कोर्टनी क्या करती है ?
3   क्या मंगलवार को हिंदी पढ़ाने के बाद कोर्टनी चाय पीती है ?
4   कोर्टनी गुरूवार को गिटार बजाने के बाद क्या करती है ?
5   इतवार को घर का काम करने से पहले कोर्टनी क्या करती है ?
6   क्या बुधवार को कोर्टनी टेनिस खेलने के बाद खाना बनाती है ?
7   कोर्टनी गुरुवार को फ़ोन करने के बाद क्या करती है ?
8   कोर्टनी शुक्रवार को दोस्त से मिलने के बाद क्या करती है ?

14

मैं रिक्शा चलाता हूँ ।

Pre-reading

1. Would you move to a different city for a better job? Why or why not?
2. What type of passenger do you think a taxi-driver prefers?

Glossary

माँ-बाप	m.	parents
इसलिए	conj.	therefore
चलाना	vt.	to drive
मेहनत	f.	hard work
दर्द	m.	pain
छोड़ना	vt.	to drop off
बाबू	m.	clerk
मेमसाहब	f.	ma'am
जो	pn.	who, the one who, which (relative clause)
बैठाना	vt.	to seat
कम	adj.	little, small (quantity)
विदेशी	m.	foreigner
सवारी	f.	passenger
ज़्यादातर	adv.	mostly
माँगना	vt.	to ask for
ख़ुशी से	adv.	happily
शायद	conj.	maybe, perhaps
समझना	vt.	to understand
शाम को	adv.	in the evening
सब्ज़ीवाला	m.	vegetable seller

Text

मेरा नाम गोपाल है । मैं बीस साल का हूँ । मैं बिहार से हूँ । बिहार में मेरे माँ-बाप और दो बहनें हैं । बहनों की शादी के लिए मुझे बहुत पैसे चाहिए, इसलिए आजकल मैं लखनऊ में रहता हूँ और रिक्शा चलाता हूँ । मेरा काम बहुत मेहनत का है । कभी-कभी मेरे पैर में बहुत दर्द होता है ।

मैं सुबह स्कूल के बच्चों को स्कूल छोड़ता हूँ, फिर दफ़्तर के बाबुओं को बस-स्टॉप और मेट्रो स्टेशन तक छोड़ता हूँ । ग्यारह-बारह बजे मेमसाहब जो बड़े-बड़े फ़्लैटों में रहती हैं, अक्सर मेरे रिक्शे से बाज़ार जाती हैं । मुझे उनको अपने रिक्शे पर बैठाना पसंद नहीं है, क्योंकि वे बहुत बातें करती हैं और पैसे भी बहुत कम देती हैं ।

दोपहर को मैं खाना खाता हूँ, फिर स्कूल के बच्चों को उनके घर छोड़ता हूँ । स्कूल के बच्चे बहुत बातें करते हैं । वे कहते हैं, "अंकल, आप कैसे हैं ?"

मैं बहुत हँसता हूँ और कहता हूँ, "मैं भैया हूँ, अंकल नहीं ।"

फिर मैं हज़रतगंज जाता हूँ । वहाँ मुझे बहुत विदेशी सवारियाँ मिलती हैं । वे ज़्यादातर अच्छे पैसे देते हैं । कुछ विदेशियों से मैं ज़्यादा पैसे माँगता हूँ और वे ख़ुशी से पैसे देते हैं । शायद उनको मालूम नहीं कि कितने पैसे देने चाहिए । वे लोग मुझसे अंग्रेज़ी में बातें करते हैं पर मैं अंग्रेज़ी कम समझता हूँ ।

मेरी एक बहन की शादी जून में है । शादी के लिए मुझे पाँच हज़ार रुपए और चाहिए, इसलिए शाम को मैं बाज़ार जाता हूँ और एक सब्ज़ीवाले के साथ काम करता हूँ । कभी-कभी वह मुझे मुफ़्त में सब्ज़ियाँ भी देता है ।

Notes on culture

Cities in India have several options for transportation. Pedal-powered cycle-rickshaws are convenient for covering short distances. Slightly cheaper options are gas-powered "tempos" or "vikrams," which seat six passengers and follow fixed routes along major roads. For longer distances, buses are popular, as are the metro and local trains available in major cities like Delhi and Mumbai. For door-to-door service, auto-rickshaws and taxis are convenient but relatively expensive.

Hindi speakers use the English words "uncle" and "aunty" to politely address anyone who appears to be older than themselves. Some take offense at being addressed in this manner, as it implies that they have crossed into middle age. Common terms for addressing someone who appears to be the same age or slightly older include भाई, भैया, बहन जी, and दीदी.

A) Find the match

Match the phrases to create complete sentences, based on the chapter text. Then translate each sentence into English.

1	गोपाल आजकल	a	ज़्यादा पैसे देते हैं ।
2	गोपाल सुबह	b	शादी जून में है ।
3	गोपाल दोपहर को	c	मुफ़्त में सब्ज़ियाँ देता है ।
4	गोपाल को बहनों की	d	बच्चों को स्कूल छोड़ता है ।
5	गोपाल को मेमसाहब	e	कम पैसे देती हैं ।
6	गोपाल को विदेशी	f	लखनऊ में रहता है ।
7	गोपाल की बहन की	g	शादी के लिए पैसे चाहिए ।
8	सब्ज़ीवाला गोपाल को	h	मेमसाहब को बाज़ार छोड़ता है ।

B) Reading questions

Answer the following questions in complete sentences based on the chapter text.

1 गोपाल कहाँ से है ? वह आजकल कहाँ रहता है ?

2 गोपाल के पैर में दर्द क्यों होता है ?

3 गोपाल सुबह बच्चों को कहाँ छोड़ता है ?

4   स्कूल के बच्चे गोपाल को किस नाम से बुलाते हैं ?
5   गोपाल विदेशियों से ज़्यादा पैसे क्यों माँगता है ?
6   मेमसाहब रिक्शे से कहाँ जाती हैं ?
7   गोपाल को कितना पैसा चाहिए और क्यों ?
8   गोपाल शाम को क्या करता है ?

C) *Cause and effect*

Answer the questions in complete sentences using **क्योंकि** (because), following the example.

Example: गोपाल रिक्शा क्यों चलाता है ?

Answer: गोपाल रिक्शा चलाता है क्योंकि उसे पैसे चाहिए ।

(Gopal drives a rickshaw because he needs money.)

1   गोपाल को पाँच हज़ार रुपए क्यों चाहिए ?
2   मेमसाहब कम पैसे क्यों देती हैं ?
3   विदेशी ज़्यादा पैसे क्यों देते हैं ?
4   गोपाल बाबुओं को बस-स्टॉप और मेट्रो स्टेशन पर क्यों छोड़ता है ?
5   गोपाल शाम को बाज़ार क्यों जाता है ?
6   गोपाल अंग्रेज़ी में बातें क्यों नहीं करता ?

D) *Gopal's photo album*

Gopal has posted pictures for his family back home. Create a caption for each picture by completing the sentences, following the example.

Example: मुझे चाय पीने की आदत है, इसलिए मैं बहुत चाय पीता हूँ ।

1   मैं अपने माँ-बाप को याद करता हूँ, इसलिए . . .
2   रेस्टोरेंट में खाना बहुत महँगा है, इसलिए . . .
3   मैं दिन-भर बहुत थक जाता हूँ, इसलिए . . .
4   मैं अच्छी नौकरी चाहता हूँ, इसलिए . . .
5   कभी-कभी मैं दोस्तों के साथ मज़े करता हूँ, इसलिए . . .

E) What's your weekend routine?

Meet with a partner and take turns asking each other about your weekend routines. Ask questions to find out what your partner usually does during the mornings, afternoons, evenings, and nights on those days. Then ask your partner why he or she does each thing at that time.

Example:

A: आप अक्सर शनिवार को सुबह क्या करते हैं ?

B: मैं एक कैफ़े में चाय पीता हूँ और पढ़ाई करता हूँ ।

A: आप वहाँ पढ़ाई क्यों करते हैं ?

B: क्योंकि वह कैफ़े मेरे घर के पास है और वहाँ सुबह कम लोग होते हैं ।

15

कमरा किराए पर है ।

Pre-reading

1   What items do you need in order to furnish an apartment?
2   If you wanted to rent an apartment, what questions would you expect the landlord to ask you?

Glossary

लिखा (हुआ)	adj.	written
अंदर	adv.	inside
सामान	m.	things, stuff
अलमारी	f.	cupboard
कब तक	inter.	until when
सिगरेट पीना	vt.	to smoke a cigarette
शराब	f.	alcohol
मंज़िल	f.	floor, story
संपर्क करना	vt.	to contact

Text

रवि	आप कौन हैं ?
पैट्रिक	मेरा नाम पैट्रिक है । मैं सिडनी से हूँ । मुझे कमरा किराए पर चाहिए । ऑनलाइन लिखा है कि यहाँ कमरा किराए पर है ।
रवि	हाँ, हाँ ! आओ अंदर आओ । बैठो । अब बताओ ।
पैट्रिक	देखिए, मैं अभी कॉलेज में पढ़ता हूँ और अकेला हूँ । मुझे एक छोटा-सा कमरा चाहिए ।
रवि	क्या आपको रसोई भी चाहिए ?
पैट्रिक	हाँ, मुझे एक कमरा और रसोई चाहिए । और कमरे में सारा सामान भी चाहिए, जैसे बिस्तर, मेज़, कुरसी, और अलमारी । रसोई में बर्तन, एक स्टोव, और गैस भी चाहिए ।
रवि	ठीक है । चलो, दिखाता हूँ ।

(कमरा देखने के बाद)

पैट्रिक	किराया कितना है ?
रवि	दस हज़ार रुपए महीना ।
पैट्रिक	नहीं, दस हज़ार ज़्यादा है । इस कमरे के लिए आठ हज़ार रुपए ठीक है ।
रवि	अच्छा, ठीक है । आपको कमरा कब तक के लिए चाहिए ?
पैट्रिक	एक साल के लिए । और मुझे एक मार्च से कमरा चाहिए ।

रवि	ठीक है । लेकिन पहले बताइए क्या आप सिगरेट पीते हैं ?
पैट्रिक	हाँ, लेकिन कभी-कभी ।
रवि	क्या आप शराब भी पीते हैं ?
पैट्रिक	हाँ, अक्सर दोस्तों के साथ पीता हूँ ।
रवि	क्या आप मीट खाते हैं ?
पैट्रिक	हाँ, खाता हूँ ।
रवि	क्या आपकी गर्लफ़्रेंड है ?
पैट्रिक	हाँ है ।
रवि	फिर यह कमरा आपके लिए नहीं है ।
पैट्रिक	क्यों ? क्या हुआ ?
रवि	आप सिगरेट और शराब पीते हैं, मीट भी खाते हैं । और आपकी गर्लफ़्रेंड है । ये सब मेरे परिवार को पसंद नहीं हैं ।
पैट्रिक	लेकिन मैं कभी-कभी ही सिगरेट और शराब पीता हूँ और मैं मीट रेस्टोरेंट में खाता हूँ ।
रवि	लेकिन गर्लफ़्रेंड तो है न ?
पैट्रिक	हाँ, मेरी गर्लफ़्रेंड तो है लेकिन सिडनी में ।

Notes on culture

India lacks a widely accepted culture of social drinking at bars, pubs, and other public places. Alcohol is rarely discussed in polite conversation, especially with elders, and those who drink do so mostly in private with friends. Likewise, some people take a dim view of smoking, eating meat, and dating.

A) Reading questions

Answer the following questions in complete sentences based on the chapter text.

1 पैट्रिक क्या करता है और वह कहाँ से है ?
2 पैट्रिक को कमरे में क्या-क्या सामान चाहिए ?
3 पैट्रिक को कमरा कब तक के लिए चाहिए ?
4 कमरे का किराया कितना है ?
5 पैट्रिक शराब कब पीता है ?
6 पैट्रिक की गर्लफ़्रेंड कहाँ है ?
7 रवि पैट्रिक को कमरा क्यों नहीं देना चाहता ?
8 क्या पैट्रिक को रवि का कमरा किराए पर लेना चाहिए ? क्यों या क्यों नहीं ?

B) Card game

Find a deck of cards and meet with a partner. To start, you will choose a card from the deck and locate the corresponding noun in the following chart. For example, if you choose "2," then the noun is "दरवाज़ा."

Your partner will then choose a different card and add an adjective to the noun. For example, if the card says "K," then the adjective is सुनहरा. Work together to create a sentence with these words, paying attention to agreement in gender and number. Then switch the order and repeat.

Example: मेरा दरवाज़ा सुनहरा है ।

Card	nouns	adjectives
1	खिड़की f. window	लाल red
2	दरवाज़ा m. door	काला black
3	फ़र्श f. floor	सफ़ेद white
4	छत f. ceiling	नीला blue
5	दीवार f. wall	नारंगी orange
6	मेज़ f. table	भूरा brown
7	अलमारी f. cupboard	हरा green
8	किताब f. book	पीला yellow
9	तस्वीर f. picture	बैंगनी purple
10	बिस्तर m. bed	गुलाबी pink
Jack	कुरसी f. chair	आसमानी sky blue
Queen	पंखा m. fan	गहरा गुलाबी dark pink
King	बग़ीचा m. garden	सुनहरा golden
Joker	बर्तन m. pan	हल्का भूरा light brown

C) Describe your dream house

Imagine your dream house. Then create at least five sentences describing the sizes and colors of the objects in your dream house, following the example. You may choose colors from the list in the previous activity. Take care with agreement between adjectives and nouns.

Example: मेरे **सपनों** के घर में एक बड़ा हरा बग़ीचा है ।

(My dream house has a big, green garden.)

D) Flat for rent

Read this advertisement for a flat for rent, then answer the following questions.

मकान किराए पर है ।

दो कमरे और एक रसोई ।
221, डी डी ए फ़्लैट, मुनिरका, दिल्ली 110067 ।
दस साल पुराना । दूसरी मंज़िल ।
मकान के पास पार्क और प्राइमरी स्कूल भी है ।
जे॰एन॰यू॰ के ठीक सामने ।
बीस हज़ार रुपए किराया ।
संपर्क करें : बंसल प्रॉपर्टीज़, दिल्ली । फ़ोन : 091343435454 ।

1) मकान में कितने कमरे हैं ?
2) मकान का किराया कितना है ?
3) मकान कितना पुराना है ?
4) मकान किस मंजिल पर है ?
5) मकान के पास क्या-क्या है ?
6) मकान कहाँ है ?

E) Role-play: landlord and prospective tenant

Meet with a partner and create a role-play between a landlord and prospective tenant following the given scenario. When you have come to an agreement, switch roles and repeat.

Landlord: Create an advertisement for a flat based on the model in the previous activity. Be sure to include information about the rent, number of rooms, amenities, and location. Decide how much you are willing to accept below the advertised rent.

Prospective tenant: Create a list of ten questions about the flat. Be sure to ask about the type of furniture and other items included in the flat (colors, sizes, etc.). Decide on your budget and then negotiate the monthly rent.

16
मैं बीमार हूँ ।

Pre-reading

1   When was the last time you felt sick? What were your symptoms?
2   What do you eat and drink when you're sick? What do you avoid?

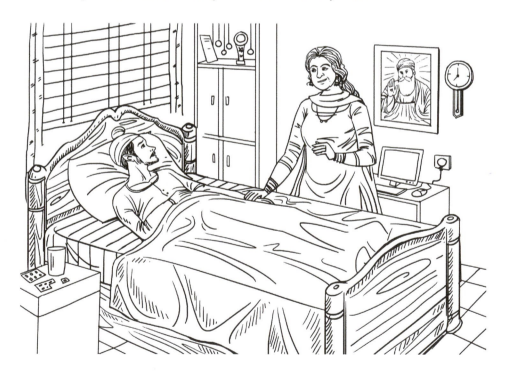

Glossary

बीमार	adj.	sick
अदरक	m.	ginger
पेट	m.	stomach
खिचड़ी	f.	a dish made with rice and lentils
X को उलटी आना	vi.	for X to vomit
X के पास जाना	vi.	to go to see X (used when X is a person)
सचमुच	adv.	really
सच में	adv.	in reality
दाल में कुछ काला है ।	idiom	Something smells fishy. (lit. There's something black in the lentils.)
X को फ़ोन करना	vt.	to phone X
X को Y से डर लगना	vi.	for X to fear Y
थोड़ी देर	f.	a little while
बजना	vi.	to ring
तुरंत	adv.	immediately
छलाँग मारना	vt.	to leap
X की तरफ़	pp.	toward X
नाटक	m.	play, drama
फटाफट	adv.	immediately, quickly
X की तैयारी करना	vt.	to prepare for X
X की चिंता करना	vt.	to worry about X
बीमारी	f.	illness
सिरदर्द	m.	headache
X को जुकाम होना	vi.	for X to have a cold
X को बुख़ार होना	vi.	for X to have a fever
नाक बहना	vi.	for a nose to run
थकान	f.	tiredness, fatigue
खाँसी	f.	cough

Text

जसबीर	मेरे सिर में दर्द हो रहा है ।
माँ	अरे, मेरा राजा बेटा । मैं तुम्हारे लिए अदरक की चाय बनाती हूँ ।

जसबीर	अदरक की चाय मत बनाओ । मेरे पेट में भी दर्द हो रहा है ।
माँ	फिर मैं खिचड़ी बनाती हूँ ।
जसबीर	प्लीज़, माँ । मुझे उलटी आ रही है ।
माँ	चलो, डॉक्टर के पास चलते हैं ।
जसबीर	नहीं, मैं डॉक्टर के पास नहीं जाना चाहता । मैं ठीक हूँ ।
माँ	ठीक से बताओ । बीमार हो या ठीक हो ?
जसबीर	बीमार हूँ । मेरे सिर में दर्द है, मेरे पेट में दर्द है, और मुझे उलटी आ रही है । मैं आज कॉलेज नहीं जाना चाहता ।
माँ	क्या सचमुच तुम बीमार हो ?
जसबीर	हाँ माँ । मैं सचमुच बहुत बीमार हूँ । ठीक है, मेरे लिए अदरक की चाय बनाओ ।

(माँ को लगता है कि वह सच में बीमार नहीं है । वे जसबीर की दोस्त रेखा को फ़ोन करती हैं ।)

माँ	कैसी हो, रेखा ? मुझे तुमसे एक काम है ।
रेखा	नमस्ते आंटी । बताइए, क्या काम है ?
माँ	आज जसबीर कॉलेज नहीं जाना चाहता । वह कहता है कि वह बीमार है । मुझे तो दाल में कुछ काला लग रहा है ।
रेखा	आंटी, आज हमारा एक प्रेज़ेंटेशन है । कल वह बोल रहा था कि मुझे प्रेज़ेंटेशन से डर लगता है ।
माँ	अच्छा । तुम थोड़ी देर के लिए मेरे घर आओ ।
रेखा	ठीक है आंटी । मैं आती हूँ ।

(थोड़ी देर बाद दरवाज़े पर घंटी बजती है ।)

माँ	देखो जसबीर ! कौन है ?
जसबीर	मैं तो बीमार हूँ ।
माँ	अरे ! रेखा है ।

(रेखा का नाम सुनकर जसबीर तुरंत छलाँग मारकर उठता है और दरवाज़े की तरफ़ दौड़ता है ।)

माँ	लगता है अब तुम बिल्कुल ठीक हो । बेटा, अब नाटक बंद करो और फटाफट कॉलेज जाने की तैयारी करो । प्रेज़ेंटेशन की चिंता मत करो ।

Notes on culture

Indians often treat minor illnesses with home remedies. Someone who becomes ill is often served खिचड़ी, a dish made with lentils and rice. Because खिचड़ी is nutritious and easy to digest, it's one of the first solid foods fed to infants. Two other popular home remedies are tea made from chopped ginger and milk mixed with turmeric.

A) *Reading questions*

Answer the following questions in complete sentences based on the chapter text.

1 कौन बीमार है ?
2 जसबीर को कहाँ-कहाँ दर्द है ?
3 माँ जसबीर के लिए क्या बनाना चाहती हैं ?
4 माँ रेखा को फ़ोन क्यों करती हैं ?
5 माँ क्यों कहती हैं कि दाल में कुछ काला है ?
6 माँ को रेखा से क्या पता चलता है ?
7 जसबीर आज कॉलेज क्यों नहीं जाना चाहता ?
8 क्या आपको लगता है कि जसबीर सचमुच बीमार है ? क्यों या क्यों नहीं ?
9 क्या रेखा जसबीर की अच्छी दोस्त है ?
10 क्या आपकी भी रेखा जैसी दोस्त है ?

B) *Find the match*

Match each sentence with the picture it describes.

एक

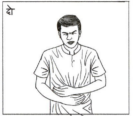

दो

तीन

चार

पाँच

छह

1. मुझे ज़ुकाम है।

2. मुझे थकान है।

3. मेरे सिर में दर्द है।

4. मेरा गला ख़राब है।

5. मेरा पेट ख़राब है।

6. मुझे बुख़ार है।

C) Diagnose their symptoms

Maya, Laila, and Sandeep are feeling ill. Fill in the chart below with each person's symptoms based on the description that follows. Then propose a diagnosis for each person in the final row.

माया	लैला	संदीप
1	1	1
2	2	2
3	3	3
4	4	4
5	5	5

आजकल इस शहर में बहुत लोगों को ये तीन बीमारियाँ हो रही हैं : ज़ुकाम, मलेरिया, और फ़्लू । माया, लैला, और संदीप को थकान हो रही है । माया और संदीप को बुख़ार भी है । माया का बुख़ार दिन में कम होता है, फिर रात को बहुत तेज़ हो जाता है । लैला की नाक बह रही है । संदीप को उलटी आ रही है । लैला का गला ख़राब है और उसको खाँसी भी हो रही है । तीनों को सिरदर्द है । आप बताइए, किसको कौन-सी बीमारी है ?

D) Discussion questions

Discuss the following questions with a partner.

1 जब आपको ज़ुकाम होता है तो आप क्या खाना खाते / खाती हैं ?

(Hint: खिचड़ी, सूप, केला, सेब, पिज़्ज़ा, etc.)

2 जब आप बीमार होते / होती हैं तो आप घर में क्या-क्या करते / करती हैं ?

(Hint: आराम करना, सोना, किताब पढ़ना, etc.)

3 जब आपको बुख़ार होता है तो आप क्या करते / करती हैं ?

4 जब आपका गला ख़राब होता है तो आप क्या पीते / पीती हैं ?

(Hint: अदरक की चाय, गरम पानी, etc.)

5 आप किन बीमारियों में डॉक्टर के पास जाते / जाती हैं और किन बीमारियों में नहीं जाते / जातीं ?

6 जब आप किसी काम से डरते / डरती हैं तो आप क्या करते / करती हैं ?

E) Role-play: doctor and patient

Meet with a partner and create a role-play between a doctor and a patient following the given scenario. When you have finished, switch roles and repeat.

Doctor: Ask the patient questions to learn about his or her symptoms. Then make a diagnosis and recommend a treatment.

Patient: Choose a minor illness and make a list of your symptoms. (If you like, choose from the following list.) Then answer the doctor's questions about your symptoms.

मलेरिया, ज़ुकाम, फ़्लू, बार-बार उलटी आना, प्रेज़ेंटेशन से डरना

17

एक आम की ख़ास कहानी

Pre-reading

1   Where does the fruit come from that you buy in the market?
2   If a piece of fruit could talk, how would it describe its life?

Glossary

आम	m.	mango
जीवन	m.	life
पेड़	m.	tree
यानी	adv.	in other words
कच्चा	adj.	unripe
अचार	m.	pickle
चटनी	f.	chutney
रसीला	adj.	juicy
मीठा	adj.	sweet
हवा	f.	wind, air
तेज़	adj.	fast
गुदगुदी करना	vt.	to tickle
झूला	m.	swing
X की तरह	pp.	like X, in the manner of X
हिलना	vi.	to move, to shake
गरमी	f.	heat
उमस	f.	humidity
बचपन	m.	childhood
कहीं और	adv.	somewhere else
तोड़ना	vt.	to break, to pick (fruit)
बारी	f.	turn (play, duty)
डिब्बा	m.	box
दुनिया	f.	world
X को लगना	vi.	to seem to X, to appear to X
मंडी	f.	wholesale market
युवा	inv.	young
ख़ुशबूदार	adj.	fragrant
X के आसपास	pp.	nearby X
छूना	vt.	to touch
सूँघना	vt.	to smell, to sniff
X को ठंड लगना	vi.	for X to feel cold
निकालना	vt.	to take out
काटना	vt.	to cut
फाँक	m.	slice (of fruit)

गुठली	f.	pit of a fruit
हिस्सा	m.	portion
छिलका	m.	peel
गाय	f.	cow
खिलाना	vt.	to feed, to serve food
जन्म लेना	vt.	to be born
पौधा	m.	plant
निकलना	vi.	to emerge, to go out
अनोखा	adj.	unique

Text

सोमवार, 20 अप्रैल

मैं आम हूँ । यह मेरे जीवन की कहानी है । अभी मैं गोरखपुर के एक गाँव में हूँ । मैं एक पेड़ पर रहता हूँ । पेड़ पर मेरे साथ बहुत सारे आम हैं । अभी हमारा रंग हरा है यानी हम कच्चे हैं । इसलिए मैं पेड़ पर रहना चाहता हूँ । मैं आम का अचार या चटनी नहीं बनना चाहता । मैं पीला, रसीला, और मीठा आम बनना चाहता हूँ ।

शनिवार, 25 अप्रैल

आज हवा बहुत तेज़ चल रही है । मुझे हवा पसंद है । हवा मुझे गुदगुदी करती है और मैं झूले की तरह आगे पीछे हिलता हूँ ।

मंगलवार, 12 मई

आज बहुत गरमी और उमस हो रही है । बचपन से मैं इस पेड़ पर हूँ । यह बहुत बोरिंग है । अब मैं कहीं और जाना चाहता हूँ ।

बुधवार, 10 जून

आज लोग पेड़ से आम तोड़ रहे हैं । लगता है आज मेरे पेड़ की भी बारी है । अब मैं एक डिब्बे में हूँ । मुझे बहुत गरमी लग रही है । यहाँ बहुत कम हवा है । मैं बाहर की दुनिया देखना चाहता हूँ ।

गुरूवार, 11 जून

अब मैं डिब्बे के बाहर हूँ । यहाँ बहुत शोर है । लगता है कोई सब्ज़ी मंडी है । मैं बहुत ख़ुश हूँ क्योंकि मैं ख़ूबसूरत, युवा, पीला, और ख़ुशबूदार आम हूँ । मेरे आसपास बहुत लोग हैं । लोग मुझे देख रहे हैं, छू रहे हैं, और सूँघ रहे हैं ।

शुक्रवार, 12 जून

अब मैं फ्रिज में हूँ । यहाँ मुझे बहुत ठंड लग रही है । "अरे, कोई मुझे बाहर निकालो !"

शनिवार, 13 जून

परिवार के लोग नाश्ता कर रहे हैं । पिता मुझे काट रहे हैं और एक फाँक बेटे को देते हैं और एक पत्नी को । गुठली वाला हिस्सा पिता ख़ुद खाते हैं । बाद में पिता गुठली और छिलका एक गाय को खिलाते हैं ।

अब मैं फिर से जन्म ले रहा हूँ । मेरी गुठली से पौधा निकल रहा है । मुझे लगता है मेरा जीवन बहुत अनोखा और प्यारा है ।

Notes on culture

In India, the mango is hailed as the king of fruits. Mangoes come in many shapes and sizes, each with its own name, and connoisseurs enjoy debating the merits of each variety. Some are picked while still green and used to make spicy pickles. Mangoes usually arrive in the market at the peak of the summer's heat and humidity. Each year Indians send boxes of fresh mangoes around the world as gifts for friends and family abroad.

Cities in India have at least one मंडी (wholesale market) where fruits and vegetables arrive daily from surrounding orchards and farms. Early each morning, fruit and vegetable sellers (फलवाला and सब्ज़ीवाला) fill their carts with fresh produce at the मंडी and disperse to the city's numerous neighborhood markets.

Even in large cities, it is not unusual to see cows, goats, and other livestock roaming the streets of a neighborhood. These animals feed on food scraps that people leave outside their homes. While this is an effective way to reduce trash in cities, some animals eat discarded plastic bags as well, a cause of serious health problems.

A) Find the match

Match the phrases to create complete sentences.

1	हवा से आम	a	छू रहे हैं और सूँघ रहे हैं ।
2	कच्चे आम से लोग	b	डिब्बे में रख रहे हैं ।
3	लोग पीले आम को	c	अचार बना रहे हैं ।
4	हवा आम को	d	आगे पीछे हिल रहे हैं ।
5	डिब्बे में आम को	e	पौधा निकल रहा है ।
6	मंडी में लोग आम को	f	गुदगुदी कर रही है ।
7	गुठली से	g	गरमी लग रही है ।

B) Reading questions

Answer the following questions in complete sentences based on the chapter text.

1 शुरू में आम किस गाँव में रहता है ?

2 आम को हवा क्यों पसंद है ?

3   पेड़ पर रहना आम के लिए क्यों बोरिंग है ?
4   अप्रैल में मौसम कैसा होता है ?
5   आम को मंडी कैसी लगती है ?
6   मंडी में लोग आम को क्यों पसंद करते हैं ?
7   आम को फ़्रिज में रहना कैसा लगता है ?
8   आम की गुठली कौन खाता है ?

C) Create a timeline

The following sentences describe the life of a piece of fruit. Put the sentences in logical order by numbering them from 1 to 6. Then guess the name of the fruit.

_____   लोग फल तोड़ रहे हैं ।
_____   बच्चे फल का सफ़ेद हिस्सा मज़े से खा रहे हैं ।
_____   पेड़ पर फल कच्चा और हरा है ।
_____   बाज़ार में लोग पीलेवाले फल ख़रीद रहे हैं ।
_____   घर में माँ फल का पीला छिलका निकाल रही हैं ।
_____   लोग फल डिब्बे में रख रहे हैं ।

D) Monthly diary

Imagine one day from each month of a year. Create a diary entry for each day in which you describe what you are doing and what is happening around you.

Remember that to describe what someone is doing at the present moment, Hindi uses the present continuous tense. The formation of this tense has three parts: the verb stem, रहा, and the present tense of होना. Use this tense wherever possible in your diary, following the example.

जनवरी > आज बहुत ठंड हो रही है, इसलिए मैं सूप पी रहा हूँ ।

जनवरी
फ़रवरी
मार्च
अप्रैल
मई
जून
जुलाई
अगस्त
सितम्बर
अक्टूबर
नवम्बर
दिसम्बर

E) Create a diary

Using the mango's story as a model, write a diary from the viewpoint of your favorite fruit or vegetable. Think about its life cycle and write entries for at least five days describing what is happening at different stages. Include as many details as you can about the setting, weather, and other aspects of the fruit or vegetable's journey.

18

शादी में ज़रूर आना

Pre-reading

1   What type of person would your parents like you to marry?
2   What would you do if your parents didn't approve of your fiancé?

Glossary

धीरे	adv.	quietly, slowly
अगले साल	adv.	next year
शादी करना	vt.	to marry
अगले महीने	adv.	next month

झूठ बोलना	vt.	to tell a lie
सकना	vi.	to be able (always used with the stem of a main verb)
मतलब	m.	meaning
डरपोक	adj.	cowardly
X को यक़ीन होना	vi.	for X to be certain

Text

ज़ारा	हेलो, संदीप ।
संदीप	क्या चल रहा है ?
ज़ारा	कुछ ख़ास नहीं । तुम बताओ । इतना धीरे क्यों बोल रहे हो ?
संदीप	अभी मेरे घर में मेरे पापा के दोस्त और उनकी पत्नी हैं ।
ज़ारा	तो ?
संदीप	उनकी एक बेटी है, अलका । अगले साल मैं उससे शादी कर रहा हूँ ।
ज़ारा	क्या ? तुम शादी कर रहे हो ? प्यार तुम मुझसे करते हो और शादी अलका से ?
संदीप	मैं उससे शादी नहीं करना चाहता लेकिन मेरी माँ को वह बहुत पसंद है । और तुम्हें मालूम है मेरी माँ तुम्हें बिल्कुल पसंद नहीं करतीं ।
ज़ारा	क्या तुम मुझसे प्यार करते हो ?
संदीप	हाँ, मैं तुमसे ही प्यार करता हूँ ।
ज़ारा	फिर उससे शादी क्यों कर रहे हो ?
संदीप	मैं अपनी माँ से डरता हूँ । वह बीमार भी हैं ।
ज़ारा	ठीक है । फिर अगले महीने तुम मेरी शादी में आना क्योंकि मेरे अम्मी-अब्बू मेरी भी शादी करना चाहते हैं । लड़का अमेरिका में रहता है और डॉक्टर है ।
संदीप	तुम झूठ बोल रही हो । तुम शादी कैसे कर सकती हो ?
ज़ारा	मैं इंजीनियर हूँ और ख़ूबसूरत हूँ । मुझे बहुत लड़के पसंद करते हैं, लेकिन मैं तुमको पसंद करती थी । इसलिए तुमसे शादी करना चाहती थी ।
संदीप	"थी" का क्या मतलब ? यह क्या कह रही हो तुम ? तुम मुझको पसंद करती थीं ? क्या अब पसंद नहीं करती ?
ज़ारा	तुम जैसे डरपोक लड़के को कोई लड़की पसंद नहीं कर सकती । अब मुझे यक़ीन है कि मैं तुमसे प्यार नहीं करती ।
संदीप	ऐसा मत बोलो, प्लीज़ ।
ज़ारा	अगले महीने मेरी शादी में ज़रूर आना । गुड बाय !

Notes on culture

In an arranged marriage, parents oversee the process of finding a spouse for their child. In previous generations, couples had little interaction before their wedding day, but today they often date for a time after their engagement.

In a "love marriage," by contrast, a couple falls in love and decides to marry without the mediation of their families. Such marriages are common when a bride and groom come from different castes, economic classes, or religious communities.

Although countless Bollywood films dramatize the tension between arranged and love marriages, with couples rebelling against their families, today love marriages are common and widely accepted.

A) Reading questions

Answer the following questions in complete sentences based on the chapter text.

1 संदीप धीरे क्यों बोल रहा है ?
2 संदीप किससे शादी करना चाहता है ?
3 संदीप किससे प्यार करता है ?
4 ज़ारा की शादी कब है ?
5 ज़ारा क्यों कहती है कि संदीप डरपोक है ?
6 संदीप को किससे शादी करनी चाहिए और क्यों ?
7 ज़ारा को किससे शादी करनी चाहिए और क्यों ?
8 क्या आपको संदीप अच्छा लगता है ? क्यों या क्यों नहीं ?

B) Fill in the blanks

Complete each sentence by filling in the blanks with the habitual past form of the verb in parentheses, following the example.

Example: हम पिछली गरमियों में रोज़ आम _____ ____ । (खाना)
Answer: हम पिछली गरमियों में रोज़ आम खाते थे ।

(We ate mangoes every day last summer.)

1 बचपन में मैं लंदन में _____ ____ । (रहना)
2 पहले संदीप अपनी माँ से बहुत _____ ____ । (डरना)
3 कल तक ज़ारा संदीप से शादी करना _____ ____ । (चाहना)
4 पिछले साल मैं रिक्शे से कॉलेज _____ ____ (जाना) और मेरा दोस्त मेट्रो से _____ ____ । (जाना)
5 पहले जब मेरे पेट में दर्द _____ ____ (होना) तो मेरी माँ मुझे अदरक की चाय _____ ____ । (देना)
6 बचपन में मेरे माँ-बाप हिंदी में _____ ____ (बोलना) लेकिन मैं उनकी बात बहुत कम _____ ____ । (समझना)

C) Celebrity speed dating

Meet with a partner. Each of you will adopt the persona of a different celebrity. Without revealing your identity, ask each other questions for a set amount of time (start with five minutes) with the aim of finding out whether you are both compatible. At the end of the allotted time, guess the identity of your partner's celebrity and decide whether you are compatible as a couple. Then choose new personas and repeat.

D) Zara's diary

A few days after breaking up with Sandeep, Zara wrote the following entry in her diary reflecting on their relationship and describing what she liked and disliked most about him. Find three ways that they were compatible and three ways that they were incompatible. Do you think Zara made a mistake in breaking up with Sandeep?

ज़ारा की डायरी से

जनवरी 10, शुक्रवार

आज सुबह से मैं संदीप को बहुत याद कर रही हूँ । मुझे उसको फ़ोन करना चाहिए था । शायद मैं संदीप से अब भी बहुत प्यार करती हूँ । वह भी मुझसे बहुत प्यार करता था । हम दोनों रोज़ घंटों बातें करते थे । हम दोनों एक साथ खाना बनाते थे और ख़रीदारी करते थे । मुझे उसके साथ कॉमिक्स पढ़ना बहुत पसंद था । हम दोनों एक साथ कितना हँसते थे । फिर भी मुझे संदीप से शादी नहीं करनी चाहिए क्योंकि उसकी माँ मुझे पसंद नहीं करतीं और शायद संदीप मुझसे ज़्यादा अपनी माँ से प्यार करता है । वह बहुत डरपोक भी है ।

E) Will Zara give Sandeep a second chance?

Meet with a partner and create a role-play between Zara and Sandeep following the given scenario. Can Sandeep convince Zara to get back together?

Sandeep: It's now a week after your break up with Zara. You call her to tell her that you've finally confronted your mom about your plans to marry Zara. You hope to convince Zara to give you a second chance.

Zara: You've started to have second thoughts about breaking up with Sandeep, but you still have mixed feelings. When he calls, you should bring up some of the complaints that you wrote about in your diary.

19

दादा जी, बी माई वैलेंटाइन

Pre-reading

1 Are you learning Hindi so that you can speak with a family member or someone special?
2 How did you spend time with your grandparents when you were little? Did they give you a nickname?

Glossary

प्रिय	adj.	dear
X को याद होना	vi.	for X to remember
तक	pp.	up to, until
बंदर	m.	monkey
बुलाना	vt.	to call, to invite
पूरी तरह से	adv.	completely
फिर भी	conj.	nevertheless
थक जाना	vi.	to get tired
सीखना	vt.	to learn
पोता	m.	grandson

Text

प्रिय दादा जी,

नमस्ते ! आप जयपुर में कैसे हैं ? आप अमेरिका आइए न । मैं आपको बहुत याद करता हूँ । मुझे याद है जब मैं छोटा था तब आप कुछ साल तक अमेरिका में थे । आप हिंदी बोलते थे और मैं अंग्रेज़ी ।

मैं आपकी कुछ बातें समझता था और आप मेरी । आप मुझे हिंदी में "बंदर" बुलाते थे और मैं हँसता था । फिर आप भी हँसते थे । हम दोनों एक दूसरे की बातें पूरी तरह से नहीं समझते थे, लेकिन फिर भी हम बहुत ख़ुश थे ।

मुझे याद है कि मैं आपके साथ पार्क में जाता था । फिर मैं आपके साथ फ़ुटबॉल खेलता था । आप बहुत थक जाते थे । आप मुझे पार्क में केला खिलाते थे और कहते थे "खा, मेरे बंदर ।" अब मुझे बंदर का मतलब मालूम है ।

मैं आपको हिंदी में पहली बार चिट्ठी लिख रहा हूँ । मैं अपने कॉलेज में हिंदी सीख रहा हूँ । अब मेरी हिंदी बहुत अच्छी है और मैं आपसे हिंदी में बात करना चाहता हूँ ।

आज वैलेंटाइंस डे है और मैं आपके लिए एक ग्रीटिंग बना रहा हूँ । मैं आपसे कहना चाहता हूँ कि आप मेरे वैलेंटाइन हैं और मैं आपसे बहुत प्यार करता हूँ । प्लीज़, आप हमारे घर आइए । मम्मी-पापा भी आपको बहुत याद करते हैं ।

आपका पोता,

"बंदर"

Notes on culture

The celebration of Valentine's Day is relatively new in India. Some extremists have claimed that Valentine's Day threatens to corrupt society and they have protested in parks and cafes, sometimes violently, against couples celebrating Valentine's Day.

A) Reading questions

Answer the following questions in complete sentences based on the chapter text.

1 दादा जी पहले कहाँ रहते थे ? और अब कहाँ रहते हैं ?
2 पोता कहाँ रहता है ?
3 जब पोता छोटा था तब वह दादा जी के साथ क्या-क्या करता था ?
4 दादा जी पोते को क्या खिलाते थे ?
5 दादा जी पोते को किस नाम से बुलाते थे ?
6 पोता आजकल क्या करता है ?
7 दादा जी को पोता चिट्ठी क्यों लिख रहा है ?
8 पोता दादा जी से क्या चाहता है ?

B) Questions about your past

Answer these questions in complete sentences, following the example.

Example: क्या बचपन में आपको दूध पसंद था ? (Did you like milk when you were a child?)
Answer: नहीं, मुझे दूध पसंद नहीं था । (No, I didn't like milk.)

1 क्या बचपन में आपके बाल लम्बे थे ?
2 क्या दस साल पहले आपके पास मोबाइल था ?
3 क्या बचपन में आपको किताबें पढ़ना पसंद था ?
4 क्या पिछले महीने आप घर में खाना बनाते थे / बनाती थीं ?
5 क्या बचपन में आप चाय पीते थे / पीती थीं ?
6 क्या पिछले साल आप योग करते थे / करती थीं ?
7 क्या गरमी की छुट्टियों में आप बॉलीवुड फ़िल्म देखते थे / देखती थीं ?
8 क्या बचपन में आप कहानियाँ सुनते थे / सुनती थीं ?

C) Discussion questions

Discuss these questions with a partner.

1 बचपन में आप क्या खेलते थे / खेलती थीं ?
2 पिछले साल आप क्या खाते थे / खाती थीं ?
3 बचपन में आप कौन-सी किताबें पढ़ते थे / पढ़ती थीं ?
4 दस साल पहले आप कहाँ रहते थे / रहती थीं ?
5 पाँच साल पहले आपका दोस्त कौन था ?
6 बचपन में आपको क्या करना पसंद था ?
7 पिछले साल आपको स्कूल के बारे में क्या पसंद था ?
8 बचपन में आप गरमी की छुट्टियों में क्या-क्या करते थे / करती थीं ?

D) *Two truths and one lie*

Meet with a partner. Tell your partner three statements about your past: two of the statements should be true (सच) and one should be a lie (झूठ). Your partner will try to guess which statement is false. Then trade roles and repeat.

Example:

मैं बचपन में शिकागो में रहता था । (सच)
जब मैं छोटा था मुझे हरी सब्ज़ियाँ पसंद नहीं थीं । (सच)
मैं अपने दोस्तों के साथ क्रिकेट खेलता था । (झूठ)

E) *Write a letter to your valentine*

Using the letter in the chapter text as a model, write a letter to someone special. Include your memories about how you spent time together in the past. Consider questions such as the following:

आपको उनकी क्या-क्या बातें याद हैं ?
आपको उनके बारे में सबसे अच्छा क्या लगता था ?
आप दोनों कितने बड़े थे ?
आप एक साथ कहाँ जाते थे और वहाँ क्या-क्या करते थे ?
आप एक दूसरे से क्या बातें करते थे ?
आप एक दूसरे को किस नाम से बुलाते थे ?

20

मुझे रंग मत लगाओ

Pre-reading

1   Which is your favorite festival? How did you celebrate it when you were little?
2   Is there anything that you don't like about your favorite festival?

Glossary

सरदी	f.	cold, winter
वसंत	m.	spring
मौसम	m.	weather
होली	f.	the spring festival of colors
धर्म	m.	religion
मनाना	vt.	to celebrate
रंग लगाना	vt.	to apply colors, to paint
बाहर	adv.	outside
पड़ोसी	m.	neighbor
गुझिया	f.	a sweet pastry filled with milk solid and nuts
इधर-उधर	adv.	here and there
चचेरी बहन	f.	cousin, daughter of father's younger brother
अनजान	adj.	unknown
ज़बरदस्ती	adv.	forcefully, domineeringly
चिल्लाना	vi.	to shout
ख़ुशक़िस्मत	adj.	lucky, fortunate
चाची	f.	wife of father's younger brother
बहरहाल	adv.	in any case, anyway
बस	adv.	It's just that . . .
समय बिताना	vt.	to pass time
सोचना	vt.	to think
बीती बात	f.	a past event or experience
भूलना	vi.	to forget
ख़्याल	m.	opinion, thought, idea
त्यौहार	m.	holiday, festival
मिठाई	f.	sweet dish, dessert

Text

जब सरदी जा रही होती है और गरमी आ रही होती है, यानी वसंत का मौसम, तब होली होती है । इस दिन लोग रंग और पानी से होली खेलते हैं । इसे भारत में सभी धर्म के लोग मनाते हैं । मेरे लिए होली का मतलब सबको रंग लगाना, खाना-पीना, नए कपड़े पहनना, और लोगों से मिलना है ।

लेकिन होली सबको पसंद नहीं होती । मेरे कॉलेज में मेरी एक दोस्त है । उसका नाम कविता है । जब वह छोटी थी तब वह बाहर होली खेल रही थी । उसका पड़ोसी सबको रंग लगा रहा था और

गुझिया दे रहा था । कविता को गुझिया खाना और रंग से खेलना बहुत पसंद था, इसलिए वह ख़ुशी से गुझिया खा रही थी और सबको रंग लगा रही थी ।

लेकिन जब वहाँ कोई नहीं था तब उसका पड़ोसी कविता को रंग लगा रहा था और इधर-उधर छू रहा था । कविता को अच्छा नहीं लग रहा था । वह बोल रही थी, "मुझे रंग मत लगाओ । मुझे तंग मत करो । मुझे मत छुओ ।" लेकिन उसके साथ बहुत बुरा हुआ । तब से कविता को होली से डर लगता है और वह होली नहीं खेलती ।

बिल्कुल ऐसी बात मेरी चचेरी बहन भी बता रही थी । जब वह बारहवीं कक्षा में पढ़ती थी तब वह दोस्तों के साथ होली खेल रही थी । वहाँ एक अनजान आदमी उसको ज़बरदस्ती रंग लगा रहा था । वह चिल्ला रही थी, "मुझे रंग मत लगाओ ।" वह बहुत ख़ुशक़िस्मत थी क्योंकि मेरी चाची, मतलब उसकी माँ, वहीं थीं । वह आदमी भाग गया ।

बहरहाल, इस बार कविता मेरे घर होली पर आ रही है, लेकिन वह रंग से होली नहीं खेलना चाहती । बस दोस्तों के साथ समय बिताना चाहती है ।

अक्सर मैं अपनी बहन के साथ गुझिया बनाती हूँ, लेकिन इस बार कविता भी हमारे साथ गुझिया बना रही है । मेरी बहुत-सी दोस्त आ रही हैं जैसे सोनिया, जस्सी, और हेमा । हम लोग सोच रहे हैं इस बार कविता पर रंग लगाना चाहिए और उसके साथ होली खेलनी चाहिए । उसकी कोई ग़लती नहीं थी । उसे बीती बातें भूल जानी चाहिए । आपका क्या ख़्याल है ?

Notes on culture

Holi is a major festival marking the start of spring. People "play" Holi by throwing dyed powder and water at one another, leaving everyone covered from head to toe in a kaleidoscope of colors.

Holi is also a time for wearing new clothes (after playing with colors!) and enjoying special dishes like गुझिया (a sweet pastry filled with milk solid and nuts) and ठंडाई (a cold drink made from a mixture of milk, spices, and almonds). Some people add cannabis to ठंडाई, which helps explain Holi's unruly reputation.

During the festivities, those reluctant to play Holi are likely to find themselves ambushed by friends and family and doused with colors. This is all good-natured fun, acknowledged by the saying, बुरा न मानो, होली है ! (Don't take offense – it's Holi!). While Holi is generally a season of good cheer, some take advantage of the revelry by throwing colors at strangers or touching others inappropriately.

A) Reading questions

Answer the following questions in complete sentences based on the chapter text.

1   होली कब होती है ?
2   लोग होली कैसे मनाते हैं ?

3   होली में लोग क्या-क्या खाते हैं ?

4   कविता होली क्यों नहीं खेलती ?

5   कविता का पड़ोसी कैसा आदमी था ?

6   मेरी चचेरी बहन क्यों ख़ुशक़िस्मत थी ?

7   मेरे घर में इस बार कौन-कौन गुझिया बना रहा है ?

8   क्या कविता को होली खेलनी चाहिए ? क्यों या क्यों नहीं ?

B) Discussion questions

Discuss these questions with a partner.

1   आपका मनपसंद त्यौहार कौन-सा है ?

2   आप अपना मनपसंद त्यौहार किसके साथ मनाते / मनाती हैं ?

3   आपको अपने मनपसंद त्यौहार के बारे में क्या-क्या बातें पसंद हैं ?

4   आपको अपने मनपसंद त्यौहार में क्या-क्या पसंद नहीं हैं ?

5   आप उस त्यौहार में कौन-सी मिठाई खाते / खाती हैं ?

6   लोग उस त्यौहार को क्यों मनाते हैं ?

7   आप होली के बारे में क्या सोचते / सोचती हैं ?

8   आप किसके साथ होली खेलना चाहते / चाहती हैं ?

C) Fill in the blanks

The following sentences describe how different people were celebrating Holi last spring. Remember that to describe what someone was doing at a particular moment in the past, Hindi uses the past continuous tense. The formation of this tense has three parts: the verb stem, रहा, and the simple past tense of होना. Complete the sentences by filling in the blanks with the past continuous tense form of the verbs in parentheses, following the example.

Example: होली के वक़्त सरदी ____ ____ ____ । (जाना)

Answer: होली के वक़्त सरदी जा रही थी । (Winter was ending at the time of Holi.)

1   होली के वक़्त गरमी ____ ____ ____ । (आना)

2   मेरी सहेलियाँ मुझपर रंग ____ ____ ____ । (लगाना)

3   मैं गुझिया ____ ____ ____ । (बनाना)

4   सब लोग नए कपड़े ____ ____ ____ । (ख़रीदना)

5   लड़के ठंडाई ____ ____ ____ । (पीना)

6   लड़की को पड़ोसी से डर ____ ____ ____ । (लगना)

7   बच्चे अनजान लोगों को तंग ____ ____ ____ । (करना)

8   सब दोस्त होली ____ ____ ____ । (खेलना)

D) *Which festival were they celebrating?*

Your friend has conducted some interviews to learn how people celebrate different festivals in India. The interviews were about Eid ul-Fitr, Diwali, Christmas, and Rakhi, but your friend forgot to label which interview goes with which festival. Read the following excerpts and then identify which festival each one describes. You can do a quick internet search to learn about any unfamiliar festival.

1   मैं सुबह नमाज़ पढ़ रहा था । फिर मैं सबसे गले मिल रहा था और सिवैयाँ खा रहा था । मुझे सिवैयाँ बहुत पसंद हैं । सिवैयाँ मीठी होती हैं । मेरी अम्मी बहुत अच्छा खाना बना रही थीं, तभी कोई मेरे घर का दरवाज़ा खटखटाता है ।

2   आज मेरी बड़ी बहन मतलब मेरी दीदी मेरे घर आ रही हैं । वह मेरे लिए मिठाइयाँ ला रही हैं । पिछले साल भी मेरी दीदी मुझे राखी बाँध रही थीं और मुझे आशीर्वाद दे रही थीं । मैं उन्हें पैसे दे रहा था । वह बहुत ख़ुश थीं । लेकिन इस साल मेरे पास बहुत कम पैसे हैं ।

3   मेरे घर दीए जल रहे थे । लोग पटाख़े जला रहे थे । मैं सबको मिठाइयाँ खिला रही थी । तब वहाँ बहुत शोर हो रहा था ।

4   हम लोग क्रिसमस ट्री ख़रीद रहे हैं क्योंकि इस साल हमारे घर पच्चीस दिसंबर को मेहमान आ रहे हैं । हम बहुत सारे तोहफ़े ख़रीद रहे हैं ।

E) *Describe your favorite festival*

Recall how you spent your favorite festival last year. Whom were you celebrating with, how were other people celebrating, and what else was happening around you? Using the descriptions in the previous activity as a model, describe how you and your companions were celebrating the festival from hour to hour.

भाग तीन

अब क्या होगा ?

21
कामवाली आंटी

1   Suppose you could hire a maid to help with housework. What would you ask the maid to do?

2   What things would a maid dislike about working in your home?

Glossary

कामवाली	f.	maid
शादीशुदा	inv.	married
पढ़ा-लिखा	adj.	literate, educated
X को डाँटना	vt.	to scold X
बीमारी	f.	illness
बासी	adj.	stale
खिलौना	m.	toy
मेहमान	m.	guest
X के बदले	pp.	in place of X
मेला	m.	fair
झाड़ू लगाना	vt.	to sweep

Text

मेरा नाम कमलावती है, लेकिन लोग मुझे कामवाली आंटी कहते हैं । मैं भोपाल शहर में रहती हूँ । मेरे चार बच्चे हैं । बड़ी बेटी अठारह साल की है, फिर दो बेटे ग्यारह और नौ साल के हैं । सबसे छोटी बेटी पाँच साल की है ।

मेरी बड़ी बेटी शादीशुदा है, लेकिन वह मेरे घर में रहती है । उसका पति गाँव में रहता है । पर मेरी बेटी गाँव में नहीं रहना चाहती । वह कम पढ़ी-लिखी है, लेकिन अब कंप्यूटर सीखना चाहती है । मेरे दोनों बेटे और छोटी बेटी स्कूल जाते हैं ।

मेरा घर एक स्कूल के पीछे है । इसलिए रेहाना मैडम और मंजू मैडम के घरों में मैं ही काम करती हूँ । मेरा काम है घर की सफ़ाई करना, बर्तन धोना, और कपड़े धोना । मंजू मैडम के लिए मैं खाना भी बनाती हूँ । मंजू मैडम अकेली रहती हैं और कभी-कभी वह मेरी बड़ी बेटी को कंप्यूटर भी सिखाती हैं ।

जब मैं काम पर नहीं जाती, तो ये मैडमें मुझे फ़ोन करती हैं और डाँटती हैं । इसलिए मैं बीमारी में भी काम करती हूँ । फिर भी मैडमें कहती हैं कि मैं बहुत छुट्टियाँ लेती हूँ । अगर मैं काम पर नहीं जाती तो ये मैडमें मुझे पैसे नहीं देतीं । काम नहीं तो पैसे नहीं ।

सभी मैडमें मुझे बासी खाना देती हैं । पुराने कपड़े, पुराने खिलौने, पुराना सामान ही लोग देते हैं । लेकिन कोई बात नहीं। मेरा परिवार बड़ा है इसलिए मुझे ज़्यादा खाना, कपड़े, और सामान चाहिए ।

एक बार रेहाना मैडम की बेटी की शादी थी । उनके घर में बहुत मेहमान थे और बहुत काम भी था । मैं उन दिनों उनके घर दिन-भर काम करती थी । इसके बदले वे मुझे एक नई साड़ी और एक हज़ार रुपए दे रही थीं । साड़ी का डिज़ाइन बहुत अच्छा नहीं था । शायद बहुत सस्ती साड़ी थी । फिर भी मैं ख़ुश थी क्योंकि साड़ी नई थी ।

Notes on culture

Most middle-class families in India hire a maid to help with household chores such as cleaning floors and washing dishes. A maid will often work for several families in a neighborhood and rotate among their homes during the day. Some families hire a live-in maid to help with more time-consuming tasks like cooking, laundry, and childcare. Most of these arrangements are informal and unregulated; as a result, wages for maids remain quite low.

A) Reading questions

Answer the following questions in complete sentences based on the chapter text.

1 कामवाली आंटी का पूरा नाम क्या है ?
2 कामवाली आंटी कहाँ रहती हैं ?
3 कामवाली आंटी के कितने बच्चे हैं ?
4 कामवाली आंटी के बच्चों की उम्र कितनी है ?
5 क्या कामवाली आंटी के बच्चे शादीशुदा हैं ?
6 कामवाली आंटी किसके घर काम करती हैं ?
7 कामवाली आंटी घर में क्या-क्या काम करती हैं ?
8 कामवाली आंटी की बेटी को कंप्यूटर कौन सिखाता है ?
9 जब कामवाली आंटी काम पर नहीं जातीं तब क्या होता है ?

B) Discussion questions

Discuss these questions with a partner.

1 लोग पुराने कपड़े, खिलौने, और सामान कामवाली आंटी को क्यों देते हैं ?
2 कामवाली आंटी सस्ती साड़ी से क्यों ख़ुश थीं ?
3 आपको क्या लगता है कामवाली आंटी की बेटी गाँव में क्यों नहीं रहती है ?
4 मैडमें कामवाली आंटी को क्यों डांटती हैं ?
5 आप हर रोज़ कौन-कौन सा काम घर में करते / करती हैं ?
6 आपके घर में बर्तन कौन धोता है ? खाना कौन बनाता है ?
7 आपके लिए सबसे मुश्किल घर का काम कौन-सा है और क्यों ?
8 अगर एक कामवाली आपके घर आती, तो वह क्या-क्या काम करती ?

C) Name these occupations

One common use of -वाला is to describe people's occupations. Identify each of the occupations shown in Figures 21.1–21.5 and create a sentence describing what each one does, following the example.

Example: चायवाला गरम-गरम चाय बेचता है । (The tea-seller sells piping hot tea.)

1 फूलवाली
2 डिब्बेवाला
3 पानवाला
4 सब्ज़ीवाला
5 प्रेसवाला

EXAMPLE

FIGURE 21.1

FIGURE 21.2

FIGURE 21.3

FIGURE 21.4

FIGURE 21.5

D) Complete the letter

The construction "oblique verb infinitive + वाला" conveys the meaning that an action is about to happen. For example, मैं जानेवाला हूँ means "I'm about to go." Note that the final vowel of -वाला changes to agree with the subject in number and gender. Now complete the letter that follows by filling in the blanks with this form of -वाला.

प्रिय नीना,

मैं भारत _____ (जाना) हूँ लेकिन गरमियों के बाद । क्या तुम भी भारत _____ (जाना) हो ? मेरे एक दोस्त की शादी _____ (होना) है, इसलिए मैं भारत जा रही हूँ । अगर हम दोनों एक साथ भारत जाते तो बहुत मज़ा आता । दिल्ली में एक मेला _____ (लगना) है । मैं वहाँ हर साल जाती हूँ । यह मेला बहुत बड़ा होता है । मैं वहाँ से एक साड़ी _____ (ख़रीदना) हूँ । तुम अपना ख़्याल रखना । फिर मिलेंगे ।

तुम्हारी दोस्त,

काजल

E) Complete the schedule

Meet with a partner. Study schedule A while your partner studies schedule B. Both schedules are the same, but each is missing different information. Take turns asking each other questions about the missing information in your schedules. Use your partner's answers to fill in the blanks.

Example: B. तुम चाय कब बनाते / बनाती हो ? (When do you make tea?)

A. मैं हर रोज़ दो बार चाय बनाती हूँ, सुबह सात बजे और शाम को पाँच बजे ।

(I make tea twice a day, in the morning at 7 o'clock and in the evening at 5 o'clock.)

Schedule A

Task or activity	Basic schedule	Day, time, date
कपड़े धोना	हर हफ़्ते	इतवार को, दस बजे
चाय बनाना	हर रोज़ दो बार	हर रोज़, सुबह सात बजे, शाम को पाँच बजे
खाना बनाना		
	हर दूसरे दिन	सोमवार को, बुधवार को, शुक्रवार को, दोपहर को, दो बजे
दोस्त को फ़ोन करना		
बर्तन धोना	हर रोज़	सुबह, आठ बजे
कमरा साफ़ करना		
	हफ़्ते में दो बार	सोमवार को, शुक्रवार को, दोपहर को, तीन बजे
अख़बार पढ़ना		
	महीने में एक बार	इतवार को, दोपहर एक बजे

Schedule B

Task or activity	Basic schedule	Day, time, date
	हर हफ़्ते	इतवार को, दस बजे
चाय बनाना		
खाना बनाना	हर तीसरे दिन	शाम को, सात बजे
माँ से बातें करना		
	हर रोज़	रात को, नौ बजे
बर्तन धोना		
कमरा साफ़ करना	हर रोज़	सुबह, छह बजे
झाड़ू लगाना		
	हर रोज़	सुबह, ग्यारह बजे
पोंछा लगाना		

22

पूजा अपने गाँव में

Pre-reading

1   How do the services in your country's rural areas differ from those in cities?
2   What do you know about life in Indian villages?

Glossary

सातवाँ	adj.	seventh
बिजली	f.	electricity
घंटा	m.	hour

मज़े लेना	vt.	to have fun
मच्छरदानी	f.	mosquito net
ज़्यादातर	adv.	usually, mostly
X के बाहर	pp.	outside X
औरत	f.	woman
X के अंदर	pp.	inside X
सुबह-सुबह	adv.	early in the morning
चूल्हा	m.	wood or coal stove
लकड़ी	f.	wood
जलना	vi.	to burn
धुआँ	m.	smoke
खाँसना	vi.	to cough
गैसवाला	adj.	gas-powered
खेत	m.	field, farmland
उठाना	vt.	to wake up
तरह-तरह का X	pp.	a variety of X, different types of X
जलाना	vt.	to burn, to ignite, to set on fire
मस्ती करना	vt.	to have fun
अलग	adj.	different
इमारत	f.	building
झोंपड़ी	f.	hut
रेलगाड़ी	f.	train
सड़क	f.	street

Text

पूजा सातवीं कक्षा में पढ़ती है और आजकल उसकी गरमी की छुट्टियाँ चल रही हैं । पूजा बहुत ख़ुश है क्योंकि आज शाम की ट्रेन से वह अपने मम्मी-पापा के साथ गाँव जा रही है । गाँव में उसके दादा-दादी और चाचा-चाची रहते हैं ।

आज गाँव में पूजा का दूसरा दिन है, लेकिन वह ख़ुश नहीं है । गाँव में बिजली सिर्फ़ कुछ घंटे ही रहती है । इसलिए वह अपना लैपटॉप और मोबाइल नहीं चला सकती । मम्मी कहती हैं, "गाँव में गाँव के मज़े लो ।"

वहाँ दिन में बहुत गरमी होती है और रात को ठंड । रात को हवा चलती है और पूजा मज़े से मच्छरदानी में सोती है । ज़्यादातर आदमी घर के बाहर सोते हैं और औरतें घर के अंदर या छत पर ।

उसकी मम्मी और चाची सुबह-सुबह उठती हैं और चूल्हे पर खाना बनाती हैं । चूल्हा लकड़ी से जलता है, इसलिए इससे बहुत धुँआ होता है और सब लोग खाँसते हैं ।

पूजा अपनी दादी से पूछती है, "आप लोग गैसवाला चूल्हा क्यों नहीं ख़रीदते ?"

दादी कहती हैं, "गैसवाला चूल्हा बहुत महँगा होता है ।"

पूजा को गाँव के घर में रहना पसंद नहीं, लेकिन उसे खेतों में खेलना बहुत पसंद है । रोज़ सुबह-सुबह उसकी चचेरी बहन उसे उठाती है । फिर **दोनों गाय का दूध पीती हैं ।** इसके बाद वे दोनों नाश्ता करती हैं और पूरा दिन खेतों में खेलती हैं । खेतों में और भी लड़कियाँ होती हैं ।

दिन में वे खाना खाने के लिए भी घर नहीं जातीं । वहीं आम खाती हैं, बातें करती हैं, और तरह-तरह के खेल खेलती हैं । शाम को पूजा और उसकी चचेरी बहन चूल्हा जलाने के लिए लकड़ियाँ लाती हैं ।

मम्मी पूजा से पूछती हैं, "क्या तुम कुछ पढ़ाई भी करोगी या दिन-भर बस खेलोगी ?" तो पूजा हँसती है और कहती है, "पढ़ाई बाद में करूँगी ।" फिर मम्मी कुछ नहीं कहतीं, क्योंकि उनको मालूम है कि शहर में पूजा इतनी मस्ती नहीं कर सकती ।

Notes on culture

Nearly 70 percent of India's population lives in villages. Compared with cities, the quality of public services in villages is greatly inferior; this includes schools, utilities, sewer systems, and medical care.

Many people who live in cities have family ties to villages where they visit during summer vacation. Across North India, villagers speak regional dialects of Hindi, such as Awadhi, Bhojpuri, Haryanvi, and Chhattisgarhi. Such dialects are spoken across India's midsection, an area known as the "Hindi belt."

Gas stoves are relatively expensive because their gas cylinders must be refilled about once a month. As a result, many people in villages cook on wood or coal-burning stoves. These stoves are often used inside with little ventilation, causing a host of health problems.

A) Reading questions

Answer the following questions in complete sentences based on the chapter text.

1 पूजा गाँव क्यों जा रही है ?
2 गाँव में कौन-कौन हैं ?
3 शुरू में पूजा गाँव में ख़ुश क्यों नहीं थी ?
4 गाँव में रात कैसी होती है ?
5 चूल्हे पर खाना बनाने से क्या परेशानी होती है ?
6 गाँव के लोग गैसवाले चूल्हे पर खाना क्यों नहीं बनाते ?
7 पूजा को गाँव में क्या करना पसंद है ?
8 जब पूजा गाँव में पढ़ाई नहीं करती, तो मम्मी उसे क्यों नहीं डाँटतीं ?

B) Fill in the blanks

Complete the sentences by filling in the blanks with the future tense form of the verbs in parentheses, following the example.

Example: पूजा गरमी की छुट्टियों में गाँव _____ । (जाना)
Answer: पूजा गरमी की छुट्टियों में गाँव जाएगी ।

(Puja will go to the village during summer vacation.)

1   चाची पूजा को सुबह-सुबह _____ । (उठाना)
2   पूजा गाँव की लड़कियों के साथ _____। (खेलना)
3   आदमी घर के बाहर _____। (सोना)
4   पूजा और उसकी चचेरी बहन लकड़ियाँ _____। (लाना)
5   दिन में बहुत गरमी _____ (होना), लेकिन रात को ठंडी हवा _____ । (चलना)
6   पूजा को बहुत मज़ा _____। (आना)

C) Compare life in the village and the city

Study Figures 22.2 and 22.3. Then complete the chart by writing sentences that compare life in the village and the city, following the example.

Some useful vocabulary:

गाय	f.	cow
झोंपड़ी	f.	hut
पेड़	m.	tree

FIGURE 22.2

FIGURE 22.3

	गाँव में	शहर में
1.	गाँव में खेत होते हैं, इसलिए बच्चे खेतों में खेलते हैं ।	शहर में फ़ैक्ट्रियाँ होती हैं, इसलिए बहुत धुआँ होता है ।
2.		
3.		
4.		
5.		
6.		

D) Priyanka's summer vacation

Read this e-mail from Priyanka to her grandmother in which she describes her family's plans for the coming vacation. Then answer the questions that follow.

प्रिय नानी जी,

नमस्ते ! आप कैसी हैं ? हम लोग इन गरमी की छुट्टियों में भारत आ रहे हैं । हम सबसे पहले दो दिन के लिए जयपुर जाएँगे । फिर हम दस दिन के लिए बनारस जाएँगे । आप दिल्ली में हैं, तो हम वहाँ ज़्यादा दिनों तक रहेंगे । इसलिए हम सोच रहे हैं कि हम तीन हफ़्ते आपके साथ रहेंगे । दिल्ली में हम ख़ूब घूमेंगे और ख़रीदारी करेंगे । इस बार हम भोपाल भी जाएँगे । क्या आप भी हमारे साथ चलेंगी ? वहाँ हम सिर्फ़ चार दिन रहेंगे । नानी जी, आपको अमेरिका से क्या चाहिए ?

जल्दी ही मिलते हैं ।

आपकी नतिनी,

प्रियंका

1 प्रियंका की नानी कहाँ रहती हैं ?
2 प्रियंका भारत कब जाएगी ?
3 प्रियंका का परिवार सबसे पहले कहाँ घूमने जाएगा ?
4 प्रियंका का परिवार दिल्ली में किससे मिलेगा और वहाँ क्या करेगा ?
5 वे लोग दिल्ली के बाद कहाँ जाएँगे ?
6 प्रियंका भारत में कितने दिन रहेगी ?

E) Plan your summer vacation

Meet with a partner and plan a trip to two destinations in India during your summer vacation. Agree on a plan and fill in the chart with details for the two destinations, following the example.

Next, using Priyanka's e-mail in the previous activity as a model, write an e-mail to a third friend describing your plans in detail with the aim of convincing him or her to join you on your trip. Be sure to include details such as the following:

Where will you go?

When will you go?

What will you do and see each day?

What special dishes will you eat at each place?

What type of people will you meet at different places?

कब जाएँगे ?	कहाँ जाएँगे ?	क्या-क्या करेंगे / खाएँगे ?	किससे मिलेंगे ?
15 जून से 1 जुलाई तक	हम दिल्ली जाएँगे ।	हम हौज़ख़ास में ख़रीदारी करेंगे ।	हम दोस्त से मिलेंगे ।
1.			
2.			

23

ऊपरवाली की मेहरबानी

Pre-reading

1   What favors do you do for your neighbors ?
2   How do you prepare your home for a special guest ?

Glossary

चीनी	f.	sugar
परेशान	adj.	upset, anxious
तैयार	adj.	ready
पड़ा (हुआ)	adj.	fallen, lying
फ़र्श	m.	floor
उठाना	vt.	to pick up
रखना	vt.	to put away, to keep
झाड़ू	m.	broom
ताज़ा	adj.	fresh
साफ़-सुथरा	adj.	neat and tidy
परोसना	vt.	to serve (food)
यार	m.	buddy, friend
मज़ेदार	adj.	tasty, delicious
X की मेहरबानी	pp.	thanks to X
मान लीजिए	phr.	Imagine that . . .

Text

ऊपरवाली आंटी कबीर का दरवाज़ा खटखटाती हैं ।

आंटी	बेटा ! क्या चीनी है ?
कबीर	हाँ, अभी लाता हूँ ।
आंटी	तुम थोड़े परेशान लग रहे हो । क्या बात है ?
कबीर	आज मेरे दफ़्तर के कुछ दोस्त आ रहे हैं । वे लोग क्रिकेट देखने और खाना खाने आएँगे । लेकिन आज कामवाली आंटी नहीं आएँगी । और घर देखिए ! कितना गंदा है । इसलिए मैं बहुत परेशान हूँ ।
आंटी	परेशान मत हो । तुम्हारे कितने दोस्त आएँगे और कितने बजे आएँगे ?
कबीर	मेरे पाँच दोस्त आएँगे, एक बजे के आसपास ।
आंटी	फिर क्या परेशानी है ? तुम घर साफ़ करो । मेरे घर एक बजे आना और खाना तैयार होगा ।
कबीर	थैंक यू आंटी । आप बहुत अच्छी हैं ।
आंटी	कोई बात नहीं, बेटा । पड़ोसी ही पड़ोसी के काम आते हैं ।

कबीर देखता है कि किताबें मेज़ पर पड़ी हैं । गंदे कपड़े सोफ़े पर पड़े हैं । अख़बार फ़र्श पर पड़ा है । सबसे पहले वह मेज़ से किताबें उठाता है और अलमारी में रखता है । फिर वह गंदे कपड़े उठाता है और बाथरूम में रखता है । इसके बाद झाड़ू से फ़र्श साफ़ करता है ।

फिर वह बाज़ार जाता है और ताज़े फूल और समोसे ख़रीदता है । एक बजे वह आंटी के घर से खाना और चाय लाता है । थोड़ी देर में उसके दोस्त आते हैं और कहते हैं, "अरे कबीर, तेरा घर तो बहुत साफ़-सुथरा है ।"

कबीर बोलता है, "हाँ यार, मैं ख़ुद सफ़ाई करता हूँ ।"

इस बात पर सब दोस्त हँसते हैं । फिर कबीर सबको चाय और समोसे देता है ।

एक दोस्त कहता है, *"क्या कबीर, सिर्फ़ चाय और समोसे हैं ? खाना नहीं खिलाओगे क्या ?"*

"ज़रूर खिलाऊँगा । पहले चाय तो पियो ।" सब लोग बातें करते हैं और क्रिकेट देखते हैं । फिर कबीर खाना परोसता है ।

सब लोग कहते हैं, *"यार, तू तो बहुत मज़ेदार खाना बनाता है ।"*

कबीर हँसता है और कहता है, *"यह सब तो ऊपरवाली की मेहरबानी है ।"*

Notes on culture

Kabir's last line is a play on words. Although the literal meaning of ऊपरवाला is "the one who resides above," it's also a playful reference to God.

Indians frequently invite others to their homes for tea or a meal. They extend this hospitality even to uninvited guests, and it's not unusual for someone to drop by unannounced. Guests, in turn, are expected to show appreciation to their host with a small gift, such as flowers, fruits, or a box of sweets.

A) *Reading questions*

Answer the following questions in complete sentences based on the chapter text.

1   आंटी कौन हैं ?
2   आंटी को क्या चाहिए ?
3   कबीर परेशान क्यों लग रहा है ?
4   कबीर के कितने दोस्त आएँगे ? कबीर के दोस्त कब आएँगे ?
5   कबीर के दोस्तों के लिए कौन खाना बनाएगा ?
6   दोस्तों के आने के पहले कबीर क्या-क्या काम करता है ?
7   कबीर बाज़ार से क्या-क्या लाता है ?
8   कबीर अपने दोस्तों को क्या-क्या खिलाता-पिलाता है ?
9   ऊपरवाली कौन हैं ? और ऊपरवाला कौन है ?

B) *Discussion questions*

Discuss these questions with a partner.

1   आपके घर अक्सर कौन मेहमान आते हैं ?
2   मान लीजिए कल आपके घर मेहमान आनेवाले हैं । तो आप क्या-क्या तैयारियाँ करेंगे / करेंगी ?
3   आप मेहमान के लिए क्या-क्या बनाएँगे / बनाएँगी ?
4   आप अक्सर घर कैसे साफ़ रखते / रखती हैं ?
5   इस वक़्त आपके घर में क्या-क्या गंदा है ?
6   मान लीजिए कल आपके दोस्त का जन्मदिन है । तो आप उसके लिए कैसी पार्टी देंगे / देंगी ?

C) *Complete the sentences*

Read each of the following prompts. Then complete each sentence by choosing the option that best describes you. Create your own endings for the last two sentences.

1 मैं अपना कमरा साफ़ करूँगा / करूँगी . . .

जब कोई आएगा ।
जब मम्मी कहेंगी ।
जब मेरा मन करेगा ।

2 मैं चाय पिऊँगा / पिऊँगी . . .

जब मुझे नींद आएगी ।
जब कोई मेहमान आएगा ।
जब प्यास लगेगी ।

3 मैं फूल ख़रीदूँगा / ख़रीदूँगी . . .

अपने दोस्त के लिए ।
अपने लिए ।
अपने परिवार के लिए ।

4 मैं खाना बनाऊँगा / बनाऊँगी जब . . .
5 मैं दोस्त से बात करूँगा / करूँगी जब . . .

D) Cleaning day

Your room is a mess, so you've made a list of what needs to be cleaned. On the left side of the chart are the areas that need attention. On the right is your plan for cleaning each mess. Complete the right side of the chart, following the example.

1	मेज़ गंदी है ।	मैं मेज़ की सफ़ाई करूँगा / करूँगी ।
2	अलमारी में गंदे कपड़े हैं ।	
3	फ़र्श पर कुछ किताबें हैं ।	
4	फ़्रिज में कुछ ख़राब खाना पड़ा है ।	
5	बिस्तर के ऊपर कुछ खाना पड़ा है ।	
6	जूते गंदे हैं ।	
7	कमरे में बहुत गरमी है ।	

E) Plan a surprise party

Meet with a partner. Today is the birthday of a mutual friend. You would both like to throw him or her a surprise party this evening, but time is limited, so you'll need to divide up the tasks.

Make a list with your partner of all the things you need to do to prepare for the party, such as cleaning, making food and drinks, buying decorations and gifts, and inviting other friends. Take turns with your partner and divide up the tasks between yourselves, following the example.

Example: A: मैं बाज़ार से फूल और मिठाइयाँ लाऊँगी ।
B: मैं झाड़ू लगाऊँगा और खिड़कियों को साफ़ करूँगा ।

24

ऑटोवाला

Pre-reading

1 What are the best ways to get around your city without a car? Rank the options by cost.
2 What directions would you give to someone to get from class to your home?

Glossary

नौकरी	f.	job
बिना X के	pp.	without X
सिफ़ारिश	f.	recommendation (from someone with "connections")
कमाना	vt.	to earn
बस	adv.	The only exception is . . ., The only thing is . . .
हफ़्ता	m.	weekly bribe (paid as extortion)
ग्राहक	m.	customer
मुश्किल से	adv.	with difficulty
गुज़ारा करना	vt.	to make a living
ख़र्चा	m.	expense
पेट्रोल	m.	petrol, gas
मरम्मत	f.	repair
बातचीत	f.	conversation
रास्ता	m.	way, road
लाल बत्ती	f.	red light
दायाँ	adj.	right
तरफ़	f.	direction
मुड़ना	vi.	to turn
नाला	m.	canal (usually for wastewater)
उतरना	vi.	to get out (of a vehicle), to alight, to descend
पचास	adj.	50
पार करना	vt.	to cross
दूसरी तरफ़	adv.	other direction, other way
बोहनी	f.	first sale of the day
एकदम	adv.	completely
सत्तर	adj.	70
मंज़िल	f.	destination

Text

मेरा नाम असलम ख़ान है । मैं मेरठ से पोलिटिकल साइंस में ग्रैजूएट हूँ । दो साल से मैं दिल्ली में हूँ । मैं किसी दफ़्तर में नौकरी ढूँढ़ रहा था, लेकिन यहाँ बिना सिफ़ारिश के कोई काम नहीं मिलता । इसलिए अब मैं ऑटोरिक्शा चलाता हूँ ।

यह मेरा अपना ऑटोरिक्शा है । ऑटो मेरे घर जैसा है । दिन में मैं दो घंटे ऑटो में सोता हूँ । मैं थोड़ा कमाता हूँ लेकिन ख़ुश हूँ ।

बस मुझे पुलिसवाले पसंद नहीं हैं । मुझे पुलिसवालों को हर हफ़्ते कुछ पैसे देने होते हैं जिसे हफ़्ता कहते हैं ।

ग्राहक को लगता है कि हम बहुत पैसे लेते हैं, लेकिन हम लोग बहुत मुश्किल से अपना गुज़ारा करते हैं । फिर ऑटो के कितने ख़र्चे होते हैं, जैसे पेट्रोल, ऑटो की मरम्मत, और पुलिसवालों का हफ़्ता ।

अरे, एक ग्राहक आ रहा है ।

असलम	हाँ सर, कहाँ जाना है ?
ग्राहक	भैया, गौतम नगर चलोगे ?
असलम	हाँ बिल्कुल । बैठो । लेकिन मुझे रास्ता नहीं मालूम । क्या तुम्हें रास्ता मालूम है ?
ग्राहक	हाँ, मुझे मालूम है ।
असलम	ठीक है, बैठो ।
ग्राहक	अभी सीधे चलो, लाल बत्ती तक । वहाँ से दाईं तरफ़ मुड़ो ।
असलम	फिर यहाँ से ?
ग्राहक	अभी क़रीब दो किलोमीटर और चलो, फिर भारत पेट्रोल पंप से बाएँ मुड़ो ।
असलम	अब आगे कहाँ मुड़ना है ?
ग्राहक	आगे नाला आएगा । उसके बाद सिनेमा हॉल है और ठीक उसके पीछे गौतम नगर है ।
असलम	यहीं उतर जाओ । यहाँ तक के पचास रुपए होते हैं ।
ग्राहक	अरे भैया । गौतम नगर के पचास रुपए होते हैं ।
असलम	मैं वहाँ नहीं जाऊँगा । मुझे नाला पार करने के लिए दूसरी तरफ़ जाना पड़ेगा ।
ग्राहक	मैं पचास रुपए तभी दूँगा जब आप गौतम नगर में छोड़ेंगे ।
असलम	क्या सर ? अभी बोहनी का टाइम है । एकदम सही पैसे बता रहा हूँ । गौतम नगर से कोई सवारी भी नहीं मिलेगी ।
ग्राहक	लेकिन मुझे तो गौतम नगर तक जाना है ।
असलम	वहाँ तक के सत्तर रुपए लगेंगे ।
ग्राहक	ठीक है । चलो ।

Notes on culture

बोहनी is the first sale of the day made by a shopkeeper or taxi driver, who believe that any dispute over this transaction is inauspicious. For this reason, the first customer of the day is often given a good bargain.

Although some cities organize pre-paid taxi stands at railway stations and airports, rickshaw and taxi drivers typically negotiate their fares. It's best to agree on the fare before a ride begins.

The words for right and left in Hindi are easily confused, but Figure 24.2 shows you a trick for keeping them straight. The picture on the right shows the cardinal directions.

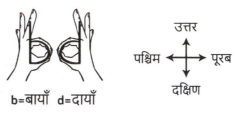

b=बायाँ d=दायाँ

FIGURE 24.2

A) Reading questions

Answer the following questions in complete sentences based on the chapter text.

1   असलम कहाँ से है ?
2   असलम कितना पढ़ा-लिखा है ?
3   असलम के पास नौकरी क्यों नहीं है ?
4   असलम को पुलिसवाले क्यों नहीं पसंद ?
5   ऑटो में क्या-क्या ख़र्चे होते हैं ?
6   ग्राहक कहाँ जाना चाहता है ?
7   ऑटोवाला गौतम नगर क्यों नहीं जाना चाहता ?
8   असलम को ग्राहक से कितने पैसे मिलेंगे ?

B) Fare chart for pre-paid taxis

Study the following fare chart and then answer these questions in complete sentences.

1   हवा महल जाने में कितने मिनट लगेंगे ?
2   शीश महल जाने में कितने रुपए लगेंगे ?
3   हनुमान मंदिर जाने में कितने पैसे लगेंगे ?
4   जयपुर अस्पताल जाने में कितना वक़्त लगेगा ?
5   सबसे ज़्यादा पैसे कहाँ जाने में लगेंगे ?
6   सबसे कम पैसे कहाँ जाने में लगेंगे ?

जगह का नाम	समय लगेगा	पैसे लगेंगे
हवा महल	5 मिनट	20 रुपए
हनुमान मंदिर	30 मिनट	50 रुपए
जयपुर अस्पताल	20 मिनट	40 रुपए
पुलिस स्टेशन	15 मिनट	30 रुपए
शीश महल	10 मिनट	25 रुपए

C) True or false

Study the map in Figure 24.3. Then indicate if the statement is true or false by circling सही (true) or ग़लत (false). Correct each false statement.

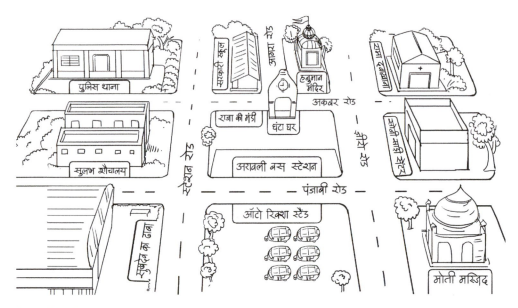

FIGURE 24.3

1	सही ग़लत	सोनी साड़ी सेंटर ज़ीरो रोड पर है ।
2	सही ग़लत	पुलिस थाना और सुखदेव का ढाबा पंजाबी रोड पर है ।
3	सही ग़लत	मोती मस्जिद घंटा घर के सामने है ।
4	सही ग़लत	राजा की मंडी स्टेशन रोड और अकबर रोड के चौराहे पर है ।
5	सही ग़लत	बस स्टेशन ऑटो रिक्शा स्टैंड के सामने है ।
6	सही ग़लत	शौचालय पुलिस थाने और सरकारी स्कूल के बीच में है ।
7	सही ग़लत	मंदिर और स्कूल दोनों आगरा रोड पर हैं ।
8	सही ग़लत	मस्जिद रिक्शा स्टैंड की बाईं तरफ़ है ।

D) What's your destination?

Determine the destination of each set of directions using the map in Figure 24.3.

1 हनुमान मंदिर से दाएँ मुड़िए । अकबर रोड पर सीधे चलिए, फिर स्टेशन रोड पर बाएँ मुड़िए । सीधे चलिए । पंजाबी रोड को पार कीजिए । आपकी मंज़िल ऑटो रिक्शा स्टैंड के सामने है ।

2 पुलिस थाने से अकबर रोड पर चलिए, फिर ज़ीरो रोड पर दाएँ मुड़िए । पंजाबी रोड पर दाएँ मुड़िए । आपकी मंज़िल बाईं तरफ़ है और वह अरावली बस स्टेशन के सामने है ।

3 ढाबे से स्टेशन रोड पर सीधे चलिए । चौराहे से अकबर रोड पर जाइए, फिर आगरा रोड पर बाएँ मुड़िए । आपकी मंज़िल सरकारी स्कूल के सामने है ।

4   मोती मस्जिद से दाएँ मुड़िए । ज़ीरो रोड पर सीधे चलिए, फिर चौराहे से बाएँ मुड़िए । स्टेशन रोड पर दाएँ मुड़िए और सीधे चलिए । अकबर रोड पर बाएँ मुड़िए । आपकी मंज़िल सुलभ शौचालय के सामने है ।

E) Do you know the way?

Your rickshaw-driver has just moved to town and needs your help with directions. Using the map in Figure 24.3, give him directions to go between the two locations in each set.

सीधे जाइए	Go straight
बाएँ मुड़िए	Turn left
उस दुकान से दाएँ मुड़िए	Turn right at that shop
यहाँ रुकिए	Stop here

1   मोती मस्जिद से पुलिस थाने तक
2   रामा दवाख़ाने से सुलभ शौचालय तक
3   ऑटो रिक्शा स्टैंड से सरकारी स्कूल तक
4   घंटा घर से सुखदेव के ढाबे तक
5   पुलिस थाने से सोनी साड़ी सेंटर तक

25
ट्रेन में

Pre-reading

1   When was the last time you traveled by train? What do you remember about the trip?
2   If you were traveling in a foreign country, what questions would you expect other passengers to ask you?

Glossary

कृप्या	adv.	please, kindly
शताब्दी	f.	century, the name of several express trains in India
चढ़ना	vi.	to board, to climb
बीवी	f.	wife

आमने-सामने	adv.	face-to-face
X को भूख लगना	vi.	for X to be hungry
चाय-शाय	f.	tea with snacks
X को Y आना	vi.	for X to know how to Y
गली	f.	alley, lane
होशियार	adj.	intelligent, bright
माशाअल्लाह	phr.	God willing. (used when giving a compliment)
शौक़	m.	hobby
भाषा	f.	language
पगड़ी	f.	turban

Text

प्लैटफ़ॉर्म पर अनाउन्समेंट हो रहा था, "कृप्या ध्यान दें । दिल्ली जानेवाली अजमेर शताब्दी प्लैटफ़ॉर्म नौ पर आ रही है ।"

सभी लोग ट्रेन में चढ़ते हैं । ट्रेन में कोर्टनी, शेरसिंह, उसकी पत्नी बलजीत, बिलाल, और उसकी बीवी शकीला बानो भी हैं । सब लोग आमने-सामने बैठे हैं । बिलाल उर्दू का अख़बार पढ़ रहा है ।

शकीला	अख़बार पढ़ना बंद कीजिए । मुझे बहुत भूख लगी है ।
कोर्टनी	मेरे पास कुछ चिप्स हैं । क्या आप खाएँगी ?
शकीला	नहीं, शुक्रिया ।
शेरसिंह	मुझे भी भूख लग रही है । मुझे हमेशा ट्रेन में भूख लगती है ।
कोर्टनी	क्या आप चिप्स खाएँगे ?
शेरसिंह	हाँ, क्यों नहीं ।
कोर्टनी	क्या इस ट्रेन में खाना मिलता है ?
शेरसिंह	हाँ, अभी थोड़ी देर में चाय-शाय मिलेगी, फिर खाना भी मिलेगा । आप तो भारत की नहीं लगतीं । आप कहाँ से हैं ?
कोर्टनी	मैं कनाडा से हूँ ।
शेरसिंह	आप तो बहुत अच्छी हिंदी बोलती हैं । क्या आपको पूरी हिंदी आती है ?
कोर्टनी	मालूम नहीं, लेकिन मैं आपकी हिंदी तो समझती हूँ ।
शेरसिंह	आप भारत में क्या कर रही हैं ?
कोर्टनी	अभी मैं पुरानी दिल्ली में अंग्रेज़ी पढ़ाती हूँ ।
शकीला	पुरानी दिल्ली में तो हम भी रहते हैं । वहाँ तुम कहाँ रहती हो ?
कोर्टनी	आपने ग़ालिब का घर देखा है ? मैं उसी गली में रहती हूँ ।
शकीला	फिर तो तुम हमारी पड़ोसी हो । मेरे अम्मी-अब्बू उसी गली में रहते हैं ।

बिलाल	क्या तुमको उर्दू भी आती है ?
कोर्टनी	हाँ, हिंदी और उर्दू में ज़्यादा फ़र्क़ नहीं है ।
बिलाल	वह मैं जानता हूँ । मेरा मतलब है उर्दू पढ़नी भी आती है ?
कोर्टनी	हाँ, लेकिन मेरी हिंदी उर्दू से ज़्यादा अच्छी है ।
बिलाल	अच्छा, यह पढ़ो और बताओ । क्या लिखा है ?
कोर्टनी	"किताब मेला"
बिलाल	बिल्कुल ठीक । तुम तो बहुत होशियार हो ।
शेरसिंह	क्या तुमको पंजाबी भी आती है ?
कोर्टनी	पंजाबी तो बहुत कम आती है । लेकिन मैं सीखना चाहती हूँ ।
शकीला	माशाअल्लाह ! यह लड़की तो बहुत होशियार है ।
बिलाल	बेटी, कभी हमारे घर आना ।
कोर्टनी	जी ज़रूर ।

Notes on culture

Although India's government recognizes two official languages (Hindi and English) and 22 scheduled languages, there are well over a thousand languages spoken in the country. Most Indians speak at least two languages and are exposed to multiple languages every day. Around 60 percent of India's population speaks Hindi.

Hindi and Urdu have a close affinity: they share a common grammar and core vocabulary, and in colloquial speech they are often identical. For these reasons, an Urdu speaker would have no difficulty understanding the Hindi used in this book. Urdu is spoken throughout much of India and also in Pakistan, where it is the national language. If taken with Urdu, Hindi ranks among the world's most widely spoken languages, with over half a billion speakers.

For beginning students, the most obvious difference between Hindi and Urdu is these languages' separate writing systems: unlike Devanagari, Urdu's Nastaliq script is written from right to left and is based on the script used for Persian and Arabic. Another important difference is found in their vocabulary. When writing or speaking for a formal audience, Hindi speakers tend to use more words borrowed from Sanskrit, while Urdu speakers tend to draw from Persian and Arabic.

A) *True or false*

Indicate if the statement is true or false by circling सही (true) or ग़लत (false). Correct each false statement.

1	सही	ग़लत	शेरसिंह कोर्टनी को चिप्स देता है ।
2	सही	ग़लत	शकीला मुम्बई से है ।
3	सही	ग़लत	कोर्टनी को चार भाषाएँ आती हैं ।
4	सही	ग़लत	कोर्टनी को पूरी पंजाबी आती है ।

5	सही ग़लत	ट्रेन में चाय के बाद खाना मिलता है ।
6	सही ग़लत	ग़ालिब का घर नई दिल्ली में है ।
7	सही ग़लत	बिलाल को उर्दू लिखनी आती है ।
8	सही ग़लत	शेरसिंह और कोर्टनी एक ही गली में रहते हैं ।

B) Reading questions

Answer the following questions in complete sentences based on the chapter text.

1 ट्रेन कौन से प्लैटफ़ॉर्म पर आ रही है ?
2 ट्रेन में कौन-कौन हैं ?
3 ट्रेन में किस-किस को भूख लगती है ?
4 क्या ट्रेन में खाना मिलता है ?
5 कोर्टनी कहाँ से है ?
6 कोर्टनी भारत में क्या करती है ?
7 कोर्टनी कहाँ रहती है ?
8 कोर्टनी को कितनी भाषाएँ आती हैं ?

C) Can you guess who I am?

Identify the speaker of each of the following sentences based on the chapter text.
  बताइए मैं कौन हूँ ?

1 मुझे ट्रेन में बहुत भूख लगती है ।
2 मुझे उर्दू आती है ।
3 मुझे उर्दू, हिंदी, अंग्रेज़ी, और थोड़ी-थोड़ी पंजाबी आती है ।
4 मैं कनाडा से नहीं हूँ और मैं पुरानी दिल्ली में रहती हूँ ।
5 मुझे उर्दू अख़बार पढ़ना पसंद है ।
6 मैं ट्रेन में हूँ और मेरे सिर पर पगड़ी है ।
7 मेरे पास चिप्स हैं ।

D) What do you know how to do?

Answer each question using the verb आना to indicate learned skills and other things you know how to do.

1 आपको क्या-क्या खाना बनाना आता है ?
2 क्या आपको भारतीय खाना बनाना आता है ?
3 आपको कितनी भाषाएँ आती हैं ? क्या आपको उन भाषाओं में लिखना भी आता है ?
4 आपको कौन-सा खेल खेलना आता है ?

5 क्या आपको क्रिकेट खेलना आता है ?

6 क्या आपको गाड़ी चलानी आती है ?

7 क्या आपको उर्दू लिखनी आती है ?

8 क्या आपको हिंदी का कोई गाना आता है ? गाइए !

E) *Strangers on a train*

Meet with a partner. Each of you will choose one of the characters from the chart. Then create a role-play following the given scenario:

Imagine that you are traveling by train and strike up a conversation with a fellow traveler. Begin your conversation with greetings and small talk. Then take turns with your partner asking questions to find out the information needed to complete the chart. When you have finished, choose new characters and repeat.

नाम	कहाँ से	मनपसंद खाना	शौक़	परिवार	उम्र	कहाँ जाना
सुजाता चोपड़ा	अमृतसर	सरसों का साग	किताब पढ़ना	माँ, बाप, दो बहनें	10	लाहौर
भारती सेठ	नई दिल्ली	कबाब	नाचना	माँ, बाप, पाँच भाई	20	ताज महल
मुहम्मद ख़ान	पेशावर	कोफ़्ता	गाना	अम्मी, अब्बू बड़ी बहन	30	लखनऊ
शबनम बानो	लाहौर	चिकन बिरयानी	तस्वीर बनाना	शौहर, एक बेटा, एक बेटी	40	मुंबई
रमेश चौधरी	भोपाल	साग-पनीर	शायरी करना	माँ, पापा, दो बड़ी बहनें	20	असम
सीमा कुमार	दिल्ली	आम और अचार	सितार बजाना	माँ, पापा, छोटा भाई	12	लखनऊ

26

हम से पूछिए !

Pre-reading

1 When was the last time you asked someone for advice? Did you end up taking the advice?

2 Would you ever ask an advice columnist for help with a problem? Why or why not?

Glossary

दूर	adv.	far
X का इंतज़ार करना	vt.	to wait for X
X का पीछा करना	vt.	to follow X
X के विचार से	pp.	in X's opinion
छोड़ना	vt.	to leave, to abandon, to quit
X को घुमाना	vt.	to take X on an outing
थका रहना	vi.	to remain tired
प्रेम-प्रसंग	m.	love affair
पता करना	vt.	to find out, to investigate
X के प्रति	pp.	toward X, with regard to X (used for opinions, feelings)
आकर्षित	adj.	attracted
चिढ़ाना	vt.	to irritate, to mock
नौकर	m.	servant, maid
ज़रूरी है कि . . .	phr.	It's necessary that . . . (followed by subjunctive)
हो सकता है कि . . .	phr.	It's possible that . . . (followed by subjunctive)
उम्मीद है कि . . .	phr.	Hopefully . . . (followed by subjunctive)
ताकि	conj.	so that, in order that (followed by subjunctive)
सुझाव	m.	suggestion

Text

मैं कॉलेज से मास्टर्स कर रही हूँ और रात को मैं कॉल सेंटर में काम भी करती हूँ । कॉल सेंटर की गाड़ी मेरे घर से थोड़ा दूर मेरा इंतज़ार करती है क्योंकि हमारी गली बहुत तंग है । कुछ दिनों से मेरी गली में कुछ लड़के मेरा पीछा करते हैं और गंदी बातें करते हैं । मुझे बहुत डर लगता है क्योंकि वे लड़के मुझे हर रोज़ तंग करते हैं । बताइए मैं क्या करूँ ?

रेहाना, बुलंदशहर से

मेरे विचार से आप कॉल सेंटर की नौकरी छोड़ दें और ऐसी नौकरी ढूँढ़िए जो दिन में हो । अगर आप दिन में नौकरी करेंगी तो आपको कोई तंग भी नहीं करेगा । मास्टर्स आप ऑन-लाइन भी कर सकती हैं ।

मेरे पति घर देर से आते हैं और मुझे कहीं घुमाते भी नहीं । हमेशा थके रहते हैं । मुझे लगता है कि उनका किसी के साथ प्रेम-प्रसंग चल रहा है । आप ही बताइए मैं क्या करूँ या कैसे पता करूँ कि सच क्या है ? क्या मैं अपने पति को छोड़ दूँ ?

प्रिया, महाराष्ट्र से

मुझे लगता है कि आप अपने पति से बात कीजिए । हो सकता है कि उनको सचमुच दफ़्तर में बहुत काम हो इसलिए वे थके रहते हों ।

मैं चौदह साल का हूँ । मुझे लड़कियाँ पसंद हैं लेकिन मैं उनके प्रति कभी आकर्षित नहीं होता । मुझे लगता है कि मैं कभी किसी लड़की से प्यार नहीं कर सकता । मुझे लड़कों से बात करना बहुत अच्छा लगता है, लेकिन मेरे दोस्त मुझे तंग करते हैं और चिढ़ाते हैं । मैं नहीं जानता कि मैं कौन हूँ या क्या हूँ । क्या आप मेरी मदद कर सकते हैं ?

प्रशांत, इंदौर से

आप डॉक्टर से मिलिए और अपने परिवारवालों से बात कीजिए । अभी आप छोटे हैं, इसलिए अपनी पढ़ाई पर ध्यान लगाइए । आकर्षित होने के लिए आपके पास पूरी ज़िंदगी है ।

Notes on culture

"Eve-teasing" is a euphemism for sexual harassment and assault against women in public, including stares, lewd comments, and unwanted touching. Men who commit such acts rarely face serious consequences. The #Me Too movement has highlighted the failure of society to condemn eve-teasing with greater severity.

As more women in India attain higher education and enter the workforce, they face resistance both in public and at home. Points of tension include a woman's social independence and her ability to earn more than her spouse.

In 2018, India's Supreme Court overturned the law that had long criminalized same-sex relationships, declaring it to be unconstitutional. While this was a key victory for LGBT rights, this community continues to struggle against social discrimination and legal obstacles that bar it from attaining wide acceptance and equal rights and protections.

A) Reading questions

Answer the following questions in complete sentences based on the chapter text.

1 रेहाना कहाँ काम करती है ?
2 रेहाना को कौन तंग करता है ?
3 लेखक के विचार से रेहाना को क्या करना चाहिए ?
4 प्रिया को अपने पति से क्या परेशानी है ?
5 प्रिया को क्यों लगता है कि उसके पति का किसी और के साथ प्रेम-प्रसंग चल रहा है ?
6 लेखक के विचार से प्रिया का पति क्यों थका रहता है ?
7 प्रशांत के दोस्त उसे क्यों चिढ़ाते हैं ?
8 लेखक प्रशांत को क्या सुझाव देता है ? क्या आपको लेखक का सुझाव पसंद है ?

B) Fill in the blanks

Subjunctive verbs are typically found after phrases that express uncertainty, hope, requests, and suggestions. Complete the sentences by filling in the blanks with the subjunctive form of the verbs in parentheses. Then translate into English, following the example.

Example: मैं चाहता हूँ कि आप हिंदी _____ । (सीखना)
Answer: मैं चाहता हूँ कि आप हिंदी सीखें । (I want you to learn Hindi.)

1   ज़रूरी है कि वह लड़का _____ । (नहाना)
2   हो सकता है कि उसका किसी के साथ प्रेम-प्रसंग _____ । (होना)
3   शायद आप दूसरी नौकरी _____ । (ढूँढ़ना)
4   हमें उम्मीद है कि आप हमारी पार्टी में _____ । (आना)
5   मैं हिंदी सीख रही हूँ ताकि मैं अपने दादा-दादी से बात _____ । (करना)
6   वे लोग चाहते हैं कि हम उनके साथ मुम्बई _____ । (चलना)
7   ज़रूरी है कि आप सात बजे तक _____ । (पहुँचना)
8   शायद आज बारिश _____ । (होना)

C) Find the match

Match each problem with the most appropriate piece of advice.

_____ मुझे रात को नींद नहीं आती । मैं क्या करूँ ?
_____ मेरे पैर में दर्द होता है । मेरा पैर कैसे ठीक होगा ?
_____ आधी रात को मुझे तेज़ भूख लगती है । क्या करूँ ?
_____ ज़्यादा पढ़ाई करने के बाद मेरे सिर में दर्द होता है । बताइए, क्या करूँ ?
_____ कभी-कभी हिंदी मेरी समझ में नहीं आती । मेरी हिंदी कैसे ज़्यादा अच्छी हो ?

1   आप पैर में तेल मालिश करें ।
2   आप पढ़ाई के बीच में छोटा ब्रेक लें ।
3   आप ज़्यादा हिंदी फ़िल्में देखें ।
4   आप कुछ खाना फ्रिज में रखें ।
5   आप रोज़ एक ही समय पर सोएँ और उठें ।

D) Advice column

You have been asked to fill in for the regular advice columnist. Read the letter that follows and write a response that addresses each of the reader's problems, using the responses in the chapter text as a model.

मैं एक कम्पनी में क्लर्क हूँ । घर आकर मैं खाना बनाता हूँ और घर के दूसरे काम भी करता हूँ । मेरी पत्नी बैंक में नौकरी करती है और मुझसे ज़्यादा पैसे कमाती है, लेकिन वह घर का कोई काम नहीं करती । वह मेरे माँ-बाप को भी पसंद नहीं करती । मैं उसके साथ नहीं रहना चाहता । आप ही बताइए, मैं क्या करूँ ?

राकेश, बिहार से

E) Offer a second opinion

Do you agree with the columnist's advice for the people at the beginning of the chapter? Choose one of the columnist's answers that you disagree with. Then write an alternative response offering a better solution to the reader's problem.

27

दुकान पर

Pre-reading

1   What meal would you make for your loved ones to celebrate a special occasion?
2   Which Indian dishes do you know how to make? How did you learn to make them?

Glossary

सालगिरह	f.	anniversary
आधा	adj.	half
सूची	f.	list

परचून की दुकान	f.	grocery store (dry goods)
दुकानदार	m.	shopkeeper
गरम-मसाला	m.	a blend of ground spices
नमक	m.	salt
लाल मिर्च	f.	red chili
दाम	m.	price
बीस	adj.	20
पाव	m.	250 grams
पच्चीस	adj.	25
कम करना	vt.	to make less, to decrease
साठ	adj.	60
थैला	m.	bag
डालना	vt.	to put (into)
रास्ते में	adv.	on the way
फूलवाला	m.	florist
गुलाब	m.	rose
प्याज़	f.	onion
शिमला मिर्च	f.	bell pepper

Text

आज शेरसिंह की शादी की सालगिरह है । उसकी पत्नी बलजीत कौर नर्स है । शेरसिंह अपनी पत्नी से बहुत प्यार करता है, लेकिन कह नहीं पाता । इसलिए शेरसिंह सोचता है कि आज पालक-पनीर बनाकर बलजीत को सरप्राइज़ दूँगा । यह सोचकर वह दफ़्तर से आधे दिन की छुट्टी लेता है और घर आता है ।

दुकान पर जाने से पहले शेरसिंह एक सूची बनाता है । फिर वह परचून की दुकान पर जाता है । वहाँ वह सामान की सूची दुकानदार को देता है जिसमें गरम-मसाला, नमक, क्रीम, लाल मिर्च, और पनीर है ।

दुकान से सामान ख़रीदकर वह आगे सब्ज़ियों की दुकान पर जाता है । वह पहले सबकी सब्ज़ियाँ देखता है । फिर जहाँ सबसे ताज़ी सब्ज़ियाँ थीं, वहाँ जाकर कहता है, "भैया, लहसुन, अदरक, पालक, और टमाटर कैसे दे रहे हो ?"

सब्ज़ीवाला कहता है, "पालक बीस रुपए किलो, लहसुन बीस रुपए पाव, अदरक पच्चीस रुपए पाव, और टमाटर सत्तर रुपए किलो ।"

शेरसिंह कहता है, "भैया, पालक तो ठीक है, लेकिन टमाटर बहुत महँगा है । कुछ कम करो ।"

"क्या करूँ, बाबू जी ? मंडी में टमाटर बहुत महँगे हैं ।"

"कुछ तो कम करो, भैया ।"

"ठीक है, साठ रुपए दे देना ।"

"ठीक है, आधा किलो टमाटर, एक किलो पालक, और सौ-सौ ग्राम अदरक और लहसुन दो ।"

सब्ज़ीवाला सारा सामान उसके थैले में डालता है । रास्ते में फूलवाले की दुकान से वह कुछ लाल गुलाब ख़रीदता है और एक बड़ी चॉकलेट भी ।

शेरसिंह घर आकर पालक-पनीर बनाने की तैयारी करता है और सोचता है कि आज बलजीत मेरा खाना खाकर बहुत ख़ुश होगी । फिर मैं कहूँगा, "बलजीत, मैं तुझसे प्यार करता हूँ । कितना रोमांटिक होगा !"

Notes on culture

One-stop supermarkets are rare in India. Instead, when shopping for groceries, people typically visit several fixed-price shops and open-air vendors. For example, people buy fruits from a फलवाला and vegetables from a सब्ज़ीवाला. These vendors congregate in the same area each day, making it convenient for shoppers to compare quality and prices.

Dairy products and dry goods are purchased from fixed-price shops. A dry goods store, known as a परचून की दुकान, sells a variety of items such as rice, lentils, dried fruits, laundry soap, and toothpaste.

Produce and bulk items are sold by the kilogram. Typical quantities purchased are सौ ग्राम (100 grams), एक पाव (250 grams), आधा किलो (500 grams), and एक किलो (1 kilogram).

A) Reading questions

Answer the following questions in complete sentences based on the chapter text.

1 शेरसिंह पालक-पनीर क्यों बनाना चाहता है ?
2 वह दफ़्तर से कितने दिन की छुट्टी लेता है ?
3 दुकान पर जाने से पहले शेरसिंह क्या करता है ?
4 परचून की दुकान से शेरसिंह क्या सामान ख़रीदता है ?
5 शेरसिंह कौन-सी सब्ज़ियाँ ख़रीदता है ?
6 सब्ज़ीवाला सब्ज़ियों के क्या दाम बताता है ?
7 शेरसिंह कितने की सब्ज़ियाँ ख़रीदता है ?
8 शेरसिंह रास्ते में और क्या-क्या सामान ख़रीदता है ?

B) Discussion questions

Discuss these questions with a partner.

1 हर हफ़्ते आप परचून की दुकान से क्या-क्या ख़रीदते / ख़रीदती हैं ?
2 आप सब्ज़ियाँ ख़रीदने के लिए कहाँ जाते / जाती हैं ?
3 हर हफ़्ते आप कौन-कौन सी सब्ज़ियाँ ख़रीदते / ख़रीदती हैं ?

4   आप आज कौन-सी सब्ज़ी खाएँगे / खाएँगी ?

5   आपको कौन-सा खाना बनाना आता है ?

6   आप ज़्यादातर अपने लिए क्या-क्या बनाते / बनाती हैं ?

7   मान लीजिए कोई ख़ास दोस्त आपके घर आ रहा है, तो उसके लिए क्या बनाएँगे / बनाएँगी ?

8   आपको भारतीय खाने में क्या-क्या पसंद है ?

C) What's the correct price?

Study the prices of this सब्ज़ीवाला and then answer the following questions.

आलू	एक किलो	20 ₹
प्याज़	एक किलो	80 ₹
लहसुन	एक पाव	50 ₹
टमाटर	एक किलो	50 ₹
अदरक	सौ ग्राम	30 ₹
पालक	एक किलो	20 ₹
शिमला मिर्च	एक किलो	80 ₹
बैंगन	एक किलो	50 ₹
मटर	एक किलो	60 ₹

1   आप दो किलो पालक के लिए कितने पैसे देंगे / देंगी ?

क. 20 रुपए   ख. 50 रुपए   ग. 40 रुपए

2   आप आधा किलो लहसुन के लिए कितने पैसे देंगे / देंगी ?

क. 100 रुपए   ख. 30 रुपए   ग. 50 रुपए

3   आप तीन किलो प्याज़ के लिए कितने पैसे देंगे / देंगी ?

क. 240 रुपए   ख. 180 रुपए   ग. 200 रुपए

4   आप चालीस रुपए के कितने किलो आलू ख़रीदेंगे / ख़रीदेंगी ?

क. 3 किलो   ख. 2 किलो   ग. 1 किलो

5   आप दो सौ ग्राम अदरक कितने का ख़रीदेंगे / ख़रीदेंगी ?

क. 60 रुपए   ख. 40 रुपए   ग. 20 रुपए

6   आप आधा किलो टमाटर कितने का ख़रीदेंगे / ख़रीदेंगी ?

क. 25 रुपए   ख. 50 रुपए   ग. 30 रुपए

D) Choose a recipe

The following is a list of ingredients needed to make three dishes. You would like to make one of these dishes, but you only have 150 rupees. Calculate the total cost for each dish based on the chart in the previous activity and then decide which dishes you can afford to make.

शिमल मिर्च	बैंगन-भर्ता	आलू-मटर
शिमला मिर्च – एक पाव	बैंगन – एक किलो	आलू – आधा किलो
आलू – आधा किलो	आलू – एक पाव	मटर – दो किलो
लहसुन – दस ग्राम	लहसुन – दस ग्राम	लहसुन – दस ग्राम
अदरक – दस ग्राम	अदरक – दस ग्राम	अदरक – दस ग्राम
प्याज़ – एक पाव	प्याज़ – आधा किलो	प्याज़ – एक पाव
टमाटर – आधा किलो	टमाटर – आधा किलो	टमाटर – एक पाव

E) Shop for vegetables

Meet with a partner and create a role-play between a customer and a सब्ज़ीवाला following the given scenario. When you have finished, switch roles and repeat.

Customer: You need to purchase the following five items in the amounts specified. Ask the सब्ज़ीवाला the price of each item and keep track of your total bill. You only have 200 rupees. If the total is over your budget, try to bargain for lower prices.

आलू	एक किलो
गाजर	एक पाव
पालक	दो किलो
प्याज़	आधा किलो
बैंगन	आधा किलो

सब्ज़ीवाला : Determine your asking price per quantity for each of the following items. You must sell one item for 80 rupees per kilogram and one item for 10 rupees per kilogram. You must sell the rest of the items for between 20 and 60 rupees per kilogram. You are eager to make a sale and willing to bargain with the customer.

प्याज़	पालक	गाजर	आलू	बैंगन
____ / किलो	____ / किलो	____ / किलो	____ / किलो	____ / किलो

28
पालक-पनीर

Pre-reading

1   What dish do you make the best? Describe your recipe.
2   Describe something funny or scary that happened while you were learning to cook.

Glossary

हैरान करना	vt.	to surprise
पीसना	vt.	to grind
टुकड़ा	m.	a piece, a bit
कड़ाही	f.	Indian wok, frying pan
तेल	m.	oil
जीरा	m.	cumin
कसूरी मेथी	f.	fenugreek leaves
भूनना	vt.	to stir fry
अच्छी तरह से	adv.	properly, thoroughly
लौंग	m.	clove
स्वादानुसार	adv.	according to the taste
पकाना	vt.	to cook
गलना	vi.	to dissolve
मिक्सी	f.	blender
हिलाना	vt.	to stir
आख़िर	adv.	finally, at last
वाह	interj.	Wow!
अपने मुँह मियाँ मिट्ठू बनना	idiom	to blow one's own trumpet
घंटी बजना	vi.	for a bell to ring
ख़ुशबू	f.	fragrance, aroma
मुँह बनाना	vt.	to make a face (to show disapproval)
तलना	vt.	to deep fry
मिलाना	vt.	to mix, to stir
उबालना	vt.	to boil
सामग्री	f.	list of ingredients
तेजपत्ता	m.	bay leaf
चम्मच	m.	spoon
तरीक़ा	m.	method
खीरा	m.	cucumber
इलायची	f.	cardamom
आँच	f.	heat, flame

Text

शेरसिंह आज **पहली** बार पालक-पनीर बना रहा है, वह भी अपनी **पत्नी बलजीत** को हैरान करने के लिए । वह यूट्यूब पर रेसिपी देखकर पालक-पनीर बनाता है । देखते हैं वह कैसा खाना बनाएगा ।

सबसे पहले वह लहसुन और अदरक पीसता है । वह प्याज़ काटता है, फिर टमाटर और पनीर के छोटे-छोटे टुकड़े काटकर एक बर्तन में रखता है । अब वह कड़ाही में तेल गरम करता है । उसमें जीरा और कसूरी मेथी डालता है । इसके बाद प्याज़ डालकर भूनता है । जब प्याज़ अच्छी तरह से पक जाती है तो वह टमाटर, लौंग, और गरम-मसाला डालकर फिर भूनता है । मसाला थोड़ा-सा जल जाता है ।

वह वीडियो में देखता है कि नमक स्वादानुसार डालना है । वह सोचता है इसका क्या मतलब है ? फिर वह दो बड़े चम्मच नमक कड़ाही में डालता है । इसके बाद पालक और मिर्च डालकर थोड़ी देर पकाता है । पालक गल जाता है तो शेरसिंह पालक को मिक्सी में पीसता है । अब उसके पास पालक का पेस्ट है जिसे वह फिर से कड़ाही में क्रीम के साथ पकाता है और **पनीर डालकर थोड़ा-सा हिलाता है ।**

आख़िर में वह मेज़ पर पालक-पनीर और चावल रखता है । वह सोचता है, "पालक-पनीर बहुत **अच्छा** बना है । वाह वाह !"

फिर **वह सोचता** है, "अरे, मैं तो अपने मुँह मियाँ मिट्ठू बन रहा हूँ ।"

वह मेज़ पर गुलाब के फूल रखता है । तभी दरवाज़े पर घंटी बजी । शेरसिंह पूछता है, "**कौन है ?**"

"मैं हूँ दिनेश ।" दिनेश अंदर आता है और कहता है, "यह फ़ाइल है आपके लिए ।"

शेरसिंह कहता है, "**अच्छा** बैठ । कुछ लेगा ?"

"बड़ी अच्छी ख़ुशबू आ रही है । क्या बन रहा है ?"

"आज हमारी शादी की सालगिरह है, इसलिए मैं पालक-पनीर बना रहा था । क्या तू टेस्ट करेगा ?"

"हाँ, **क्यों नहीं ।**" दिनेश थोड़ा-सा पालक-पनीर खाता है । फिर मुँह बनाता है ।

"इसमें तो बहुत ज़्यादा नमक है ।"

"क्या ? अब क्या होगा ?"

दिनेश चला जाता है । थोड़ी देर में **बलजीत** आती है ।

Notes on culture

Most Indians buy their produce from open-air vendors. Unlike supermarkets where every type of produce is available year-round, availability in open-air markets is seasonal. As a result, Indians associate different fruits and vegetables with specific times of the year. For example, green peas are available in the winter, while mangoes and okra come to market in the summer.

Each region in India has its own distinctive style of cooking. Most learn to cook from helping in the kitchen and don't rely on fixed measurements or written recipes. At home, people cook on a countertop stove with two burners fueled by a gas cylinder. Ovens and microwaves are rare, which explains the absence of home-cooked baked goods and frozen dinners.

A) Reading questions

Answer the following questions in complete sentences based on the chapter text.

1 शेरसिंह अपनी पत्नी को कैसे हैरान करना चाहता है ?
2 शेरसिंह यूट्यूब क्यों देख रहा था ?
3 शेरसिंह पालक-पनीर में कौन-कौन से मसाले डालता है ?
4 शेरसिंह से क्या चीज़ जल जाती है ?
5 वह पालक-पनीर में नमक ज़्यादा क्यों डालता है ?
6 शेरसिंह क्या-क्या भूनता है और क्या-क्या पीसता है ?
7 दिनेश शेरसिंह के घर क्यों आता है ?
8 दिनेश खाना खाकर मुँह क्यों बनाता है ?

B) Find the match

Match the phrases to create complete sentences. On the right are verbs that are useful for talking about cooking.

1	चाकू से प्याज़ को	a	भूनें ।
2	कड़ाही में टमाटर और मसाले	b	तलें ।
3	चाय में ज़्यादा चीनी न	c	डालें ।
4	गरम तेल में पकौड़े	d	गरम करें ।
5	सब्ज़ी में नमक	e	काटें ।
6	मिक्सी में टमाटर	f	पीसें ।
7	खाना ठंडा हो गया ।	g	उबालें ।
8	चाय के लिए पानी	h	मिलाएँ ।

C) Make a meal

Here are recipes for a traditional Indian meal consisting of राजमा-चावल, रायता, and खीर. Follow the recipes and make a meal for yourself and your friends. This meal serves three to four.

राजमा-चावल

सामग्री :

एक कैन किडनी बीन
एक तेजपत्ता
एक प्याज़
दो टमाटर

एक टुकड़ा अदरक
दो हरी मिर्च
नमक स्वादानुसार
एक बड़ा चम्मच राजमा मसाला
एक बड़ा चम्मच तेल

तरीक़ा :

कड़ाही में तेल डालें, फिर तेजपत्ता डालें ।
अब प्याज़ काटकर कड़ाही में डालें । अच्छी तरह भूनें ।
टमाटर, मिर्च, और अदरक मिक्सी में पीसें । इसे कड़ाही में डालें और भूनें ।
सब मसाले पकाएँ ।
इसमें राजमा मसाला डालें ।
अब कैन से राजमा निकालें और कड़ाही में डालें ।
दस मिनट पकाएँ ।
चावल के साथ परोसें ।

रायता

सामग्री :

दो कप दही
आधा कप पानी
रायता मसाला
एक खीरा

तरीक़ा :

दही और पानी को अच्छी तरह मिलाएँ ।
खीरा छोटा-छोटा काटें, फिर रायते में मिलाएँ ।
अब इस पर रायता मसाला डालें ।
परोसें ।

खीर

सामग्री :

आधा कप चावल
दो लीटर दूध
आधा कप चीनी
दो इलायची

तरीक़ा :

> पहले चावल धोएँ, फिर आधा घंटा रखें ।
> दूध उबालें। फिर दस मिनट तक धीमी आँच पर पकाएँ ।
> अब चावल दूध में डालें और तीस मिनट तक पकाएँ ।
> चावल अच्छी तरह से पकाएँ । फिर गैस बंद करें ।
> इलायची पीसें और खीर में डालें ।
> गरम या ठंडा परोसें ।

D) Create a recipe

Think of a special dish that your family makes at home. Using the recipes in the previous activity as a model, create a recipe for your dish by filling in the following template.

खाने का नाम (name of the dish)

सामग्री (list of ingredients and amounts)

खाना बनाने का तरीक़ा (cooking method)

खाने की तस्वीर (picture of the dish)

E) Guess the dish

Meet with a partner. Think of a dish that you know how to make. Without revealing its name, describe to your partner how to make the dish one step at a time. Your partner will try to guess the dish. See how many steps of the recipe you can describe before your partner guesses the dish correctly. Then switch roles and repeat.

29
सालगिरह की बधाइयाँ

Pre-reading

1   How do you show your love for friends and family?
2   How do the couples you know celebrate their anniversaries?

Glossary

हैरान होना	vi.	to be surprised
X की कोशिश करना	vt.	to attempt to X
ठीक करना	vt.	to fix
चखना	vt.	to taste
स्वाद	m.	flavor, taste
तूसी ग्रेट हो ।	phr.	You are great. (Punjabi)
कल	adv.	yesterday, tomorrow
परसों	adv.	the day before yesterday, the day after tomorrow
ठंडा	adj.	cold
गरम करना	vt.	to heat
X की बधाइयाँ	phr.	congratulations on X
इज़हार करना	vt.	to express

Text

बलजीत घर आती है और देखती है कि मेज़ पर गुलाब के फूल हैं और खाना है । वह हैरान होती है और कहती है, "शेरसिंह जी, क्या आपने खाना बनाया है ?"

शेरसिंह उदास होकर कहता है, "बनाया तो है, लेकिन अच्छा नहीं बना ।"

बलजीत	क्या हुआ ?
शेरसिंह	खाने में बहुत ज़्यादा नमक है ।
बलजीत	आपने खाना बनाने की कोशिश की । यही बहुत है मेरे लिए । नमक की चिंता मत कीजिए । मैं सब ठीक कर दूँगी ।
शेरसिंह	कैसे ?
बलजीत	उसकी चिंता मत कीजिए । अब थोड़ी देर आराम कीजिए ।
शेरसिंह	लेकिन कैसे ठीक करोगी ?
बलजीत	देखिए, मैं क्या करती हूँ । मैं पालक-पनीर में थोड़ा-सा टमाटर का पेस्ट मिलाऊँगी । इससे नमक ठीक हो जाएगा ।

शेरसिंह खाना चखता है, फिर कहता है, "वाह, क्या स्वाद है ! तूसी ग्रेट हो !"

बलजीत	वह तो मैं हूँ ।
शेरसिंह	मैं तुम्हें सरप्राइज़ देना चाहता था लेकिन तुमने मुझे सरप्राइज़ दे दिया ।
बलजीत	आपने मुझे पहले ही सरप्राइज़ कर दिया है । मैं बहुत ख़ुश हूँ । "आई लव यू ।"
शेरसिंह	यह तो मैं कहना चाहता था ।
बलजीत	तो कह दीजिए ।

शेरसिंह	मैं तुम्हें आज, कल, परसों, हमेशा प्यार करता हूँ और करता रहूँगा ।
बलजीत	आप तो बहुत रोमांटिक हो रहे हैं । चलिए, खाना खाते हैं । नहीं तो ठंडा हो जाएगा ।
शेरसिंह	कोई बात नहीं, खाना गरम कर देंगे । चिंता मत करो ।
बलजीत	सालगिरह की बधाइयाँ !
शेरसिंह	तुम्हें भी ।

Notes on culture

There are many words for "love" in Hindi, each describing a different aspect of this emotion. प्यार and प्रेम refer to the affection between friends and family members, as well as romantic couples. स्नेह conveys a parent's love for a child, while ममता describes the love of a mother specifically. मुहब्बत has slightly more romantic connotations than प्यार and प्रेम, while इश्क़ is used for romantic passion. Turning to more intense forms of love, दीवानगी expresses romantic passion as an overwhelming madness and obsession. Despite the rich vocabulary for love, Hindi speakers often switch to English momentarily to say, "I love you."

The word कल can mean either "yesterday" or "tomorrow," depending on the context. Likewise, the word परसों can mean both "the day before yesterday" and "the day after tomorrow." Although one might expect this to cause confusion, a speaker's intention is usually clear from context and verb tense.

A) True or false

Indicate if the statement is true or false by circling सही (true) or ग़लत (false). Correct each false statement.

1	सही	ग़लत	बलजीत हैरान है क्योंकि खाने का स्वाद अच्छा है ।
2	सही	ग़लत	मेज़ पर गुलाब के फूल, चॉकलेट, और खाना है ।
3	सही	ग़लत	शेरसिंह उदास है क्योंकि खाने में मिर्च ज़्यादा है ।
4	सही	ग़लत	शेरसिंह चावल और भिंडी बनाता है ।
5	सही	ग़लत	बलजीत अपने पति से बहुत नाराज़ है ।
6	सही	ग़लत	बलजीत खाने में टमाटर का पेस्ट मिलाती है ।
7	सही	ग़लत	बलजीत और शेरसिंह आज ढाबे का खाना खाएँगे ।
8	सही	ग़लत	शेरसिंह बलजीत को आज, कल, परसों, और हमेशा प्यार करता रहेगा ।

B) Reading questions

Answer the following questions in complete sentences based on the chapter text.

1 घर आने पर बलजीत हैरान क्यों हो जाती है ?
2 शेरसिंह इतना उदास क्यों है ?
3 खाना अच्छा क्यों नहीं बना ?
4 बलजीत पालक-पनीर में नमक कैसे ठीक करती है ?

5 आप शेरसिंह को खाना बनाने के कुछ सुझाव दीजिए ।
6 क्या आपने भी कभी खाना बनाने में कोई ग़लती की है ?
7 शेरसिंह बलजीत से कैसे अपने प्यार का इज़हार करता है ?
8 आप अपने घरवालों को कैसे सरप्राइज़ देते / देती हैं ?

C) Fill in the blanks

Complete the following sentences by filling in the blanks with the perfect tense form of the verbs in parentheses. Then translate into English, following the example. The verbs will all have masculine, singular endings.

Example: शेरसिंह ने पालक-पनीर _____ । (बनाना)
Answer: शेरसिंह ने पालक-पनीर बनाया । (Sher Singh made spinach and cheese.)

1 शेरसिंह ने अपनी पत्नी को _____ । (हैरान करना)
2 शेरसिंह ने खाने में ज़्यादा नमक _____ । (डालना)
3 दिनेश ने खाना चखकर मुँह _____ । (बनाना)
4 शेरसिंह ने खाना बनाने के बाद घर _____ । (साफ़ करना)
5 बलजीत ने पालक-पनीर _____ । (चखना)
6 बलजीत ने खाने में टमाटर का पेस्ट _____ । (मिलाना)
7 शेरसिंह ने आज अपने प्यार का _____ । (इज़हार करना)
8 बाद में बलजीत ने खाना _____ । (गरम करना)

D) Describe a surprise

Write a paragraph describing a time that you planned a surprise for someone special. What did you do to get ready? Was the plan successful? Did you make any mistakes? What was the person's reaction?

E) Tea party

A common way to socialize in India is to invite someone to your home for tea and snacks. Meet with a partner and create a role-play following the given scenario.

Host: Imagine that you have invited a new acquaintance to your home for tea. Be sure to:

Offer greetings, invite your guest into your home, and ask him or her to sit.

Introduce yourself and your family.

Make small talk to learn more about your guest, for example:

आप क्या करते / करती हैं ?
आपको क्या पसंद है ?
आप कहाँ रहते / रहती हैं ?
अपने परिवार के बारे में बताइए ।

Offer drinks and snacks such as water, tea, samosas, sweets, etc.

Ask how your guest likes the snacks and whether he or she would like more.

Thank your guest for coming and invite him or her to come again.

Guest: Imagine that you have arrived at the home of a new acquaintance. Be sure to:

Respond appropriately to your host's greetings and questions.

Make small talk to learn more about your host using the aforementioned questions.

You can also ask:

आपके नाम का मतलब क्या है ?

क्या आपको अपना नाम पसंद है ?

आपके कितने भाई-बहन हैं ?

आपकी सालगिरह कब है ?

Offer your host a small gift such as flowers or a box of sweets.

Thank your host before leaving and invite him or her to your home.

30
बेचारा पेड़

Pre-reading

1   What's your favorite joke? Does the joke work if you tell it in Hindi?
2   What riddles and tongue twisters do you know in your language?

Glossary

चुटकुला	m	joke
जंगल	m.	jungle
उल्लू	m.	owl
घना	adj.	dense, thick
हाथ जोड़ना	vt.	to fold one's hands, to make a humble request
भगवान	m.	God, the supreme being
कटवाना	caus.	to cause to cut
मानना	vt.	to accept, to believe
नेता	m.	politician
क़िस्मत	f.	fate, luck
विदेश	m.	foreign land
साबुन	m.	soap
अच्छावाला	adj.	good, the good kind
मुर्ग़ी	f.	hen
परीक्षा	f.	examination
अंडा देना	vt.	to lay an egg

Text

चुटकुला एक

एक बार की बात है । एक जंगल में बहुत ख़ूबसूरत पेड़ था । उस पेड़ पर रोज़ एक उल्लू बैठता था । पेड़ को उल्लू बिल्कुल पसंद नहीं था । लेकिन उल्लू को वही पेड़ पसंद था क्योंकि पेड़ बहुत बड़ा, घना, और हरा था । पेड़ रोज़ भगवान से हाथ जोड़कर बोलता है, "हे भगवान ! उल्लू मुझपर ही क्यों बैठता है ? मैं चाहता हूँ कि वह मुझपर न बैठे । अगर तू ऐसा नहीं कर सकता तो तू मुझे कटवा दे ।"

रोज़-रोज़ पेड़ की बात सुनकर भगवान ने उसकी बात मान ली । एक दिन जंगल में कुछ लोग आए और उस सुन्दर पेड़ को काट दिया । फिर कुछ दिनों बाद उस लकड़ी से एक सुन्दर कुरसी बन गई । अब उस कुरसी पर देश का नेता बैठता है ।

पेड़ ने कहा, "हाए मेरी क़िस्मत । मुझपर हमेशा उल्लू ही बैठते हैं ।"

चुटकुला दो

स्कूल में एक दिन टीचर ने सबसे पूछा : "तुम बड़े होकर क्या बनोगे ?"

रूपा	मैं बड़ी होकर एक डॉक्टर बनूँगी । मैं विदेशों में घूमूँगी और मेरे पास दस नौकर होंगे । मेरे पास सबसे महँगी गाड़ी होगी । मेरे पास बड़ा घर होगा ।
टीचर	बस रूपा ! मुझे छोटा-सा जवाब चाहिए । अच्छा पप्पू ! बताओ, तुम बड़े होकर क्या बनोगे ?
पप्पू	रूपा का पति ।

चुटकुला तीन

संजू	क्या तुम्हारे पास साबुन है ?
दुकानदार	हाँ, है ।
संजू	क्या अच्छावाला साबुन है ?
दुकानदार	हाँ भई, बहुत अच्छावाला साबुन है ।
संजू	फिर उस साबुन से हाथ धोकर एक किलो पनीर दे दो ।

चुटकुला चार

बच्चा स्कूल से आया तो रो रहा था ।

माँ	क्यों रो रहे हो ?
बच्चा	टीचर ने मारा मुझको ।
माँ	अरे ! मेरे बेटे को टीचर ने क्यों मारा ?
बच्चा	मैंने उसको मुर्ग़ी बोला ।
माँ	लेकिन तुमने उसे मुर्ग़ी क्यों बोला ?
बच्चा	क्योंकि वह मुझे हर परीक्षा में अंडे देती है ।

Notes on culture

Although owls are symbols of wisdom in English, in Hindi they are associated with stupidity. To call someone an उल्लू is to insult to their intelligence, and उल्लू का पट्ठा (literally: son of an owl) is a mild curse.

In Hindi jokes, politicians have a reputation for corruption, nepotism, and low intelligence.

अंडा (egg) is slang for zero. In this joke, the boy is upset because his teacher repeatedly gives him zero marks on his exams.

A) Reading questions

Answer the following questions in complete sentences based on the chapter text.

1   उल्लू को वही पेड़ क्यों पसंद था ?
2   पेड़ को क्या पसंद नहीं था और क्यों ?
3   पेड़ ने भगवान से क्या कहा ?
4   रूपा बड़ी होकर क्या बनना चाहती है और क्यों ?
5   पप्पू रूपा का पति क्यों बनना चाहता है ?
6   संजू को कैसा साबुन चाहिए और क्यों ?
7   बच्चे को टीचर ने क्यों मारा ?
8   बच्चे ने टीचर को मुर्ग़ी क्यों बोला ?

B) *Condense these sentences*

In sentences in which a single subject performs a series of actions, the particle -कर can be used to shorten all but the final verb in the sentence. This is a useful way to condense long sentences of this type. Use -कर to condense the following sentences, following the example.

> Example: बच्चा रोता है और माँ से बोलता है ।
>
> Answer: बच्चा रोकर माँ से बोलता है ।
>
> (The boy cries and speaks to his mom.)

1 मैं तुमसे बात करूँगा फिर स्कूल जाऊँगा ।
2 नेता कुरसी पर बैठता है और काम करता है ।
3 रूपा डॉक्टर बनेगी और विदेशों में घूमेगी ।
4 पप्पू रूपा से शादी करेगा और अमीर बनेगा ।
5 दुकानदार हाथ धोएगा और पनीर देगा ।
6 संजू घर जाएगा और पनीर खाएगा ।
7 मैं हाथ जोड़ता हूँ और भगवान से बोलता हूँ ।
8 टीचर अंडा देती है और बच्चों को फ़ेल करती है ।

C) *Can you solve these riddles?*

This list of words contains solutions to the following riddles: अनार, चाँद, उम्र, चश्मा, टोपी. Read the riddles and match them with their solutions.

अनार	m.	pomegranate
टोपी	f.	hat
चश्मा	m.	glasses
चाँद	m.	moon
बढ़ना	vi.	to increase
शैतान	m.	devil, rascal
अक्षर	m.	letter (alphabet)
ढकना	vt.	to cover
दाँत	m.	tooth
X की सैर करना	vt.	to tour X
धरती	f.	earth
जगना	vi.	to be awake
अँधेरा	adj.	dark
X के बग़ैर	pp.	without X

1   ऐसी कौन-सी चीज़ है जो हमेशा बढ़ती तो है, लेकिन कभी कम नहीं होती ?
2   मेरा भाई बड़ा शैतान, बैठे नाक पर, पकड़े कान ।
3   दो अक्षर का मेरा नाम, सिर को ढकना मेरा काम ।
4   ऐसा कौन-सा फल है जिसके पेट में दाँत होते हैं ?
5   दुनिया-भर की करता सैर, धरती पर न रखता पैर । दिन में सोता, रात में जगता, रात अँधेरी मेरे बग़ैर ।

D) Tell me a joke

There are many websites that specialize in Hindi jokes and riddles. These are good for students because they are relatively short and often use simple vocabulary.

Meet with a partner. Each of you will search the internet for jokes in Hindi and pick out three favorites. Take turns sharing these jokes with your partner.

E) Tongue twisters

Practice these tongue twisters. Then challenge your partner to a contest to see who can repeat each one the most times without making a mistake.

1   कच्चा पापड़, पक्का पापड़ ।
2   पके पेड़ पर पका पपीता ।
3   जो हँसेगा वह फँसेगा, जो फँसेगा वह हँसेगा ।
4   चंदू के चाचा ने चंदू की चाची को चाँदनी रात में चाँदी के चम्मच से चटनी चटाई ।

भाग चार

जो हुआ, सो हुआ

31
डॉक्टर से मिलना

Pre-reading

1   What are some questions a doctor might ask while examining a patient?
2   Is good medical care available in all areas of your country? If not, how do people find treatment?

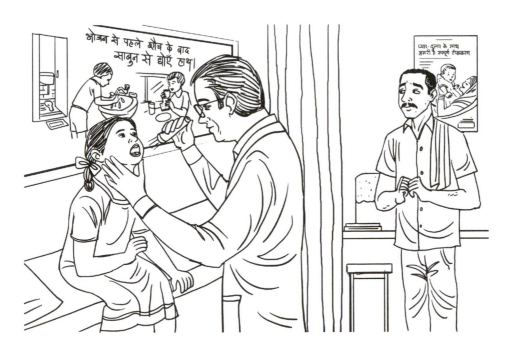

Glossary

ख़ून	m.	blood
कब से	inter.	since when
झाड़-फूँक	f.	charms and incantations (pejorative)
अस्पताल	m.	hospital
जाँच	f.	test (medical)
ज़ोर से	adv.	forcefully
साँस लेना	vt.	to take a breath
टीबी	m.	tuberculosis
ख़तरनाक	adj.	dangerous
X को पता चलना	vi.	for X to find out
इलाज	m.	treatment
समय लगना	vi.	to take time
ठंड	f.	cold
X का भला करना	vt.	to make X prosper, to favor X, to treat X well
सफ़र	m.	trip, journey
लक्षण	m.	symptom, sign
फैलना	vi.	to spread
जोड़	m.	joint
X को ठंड लगना	vi.	for X to catch a cold
शरीर	m.	body
पसीना	m.	sweat
दवा	f.	medicine
चकत्ता	m.	a round, red sore or blotch
दस्त	m.	diarrhea
सूजन	f.	swelling
X को चक्कर आना	vi.	for X to feel dizzy
सूखना	vi.	to become dry
प्यास	f.	thirst
तेज़	adj.	intense
इकट्ठा होना	vi.	to collect, to gather
मसालेदार	adj.	spicy
मरीज़	m.	patient
तारीख़	f.	date (calendar)
निदान	m.	diagnosis

Text

सूरजनाथ	नमस्ते डॉक्टर ।
डॉक्टर	नमस्ते। बैठो । क्या हुआ ?
सूरजनाथ	यह मेरी बेटी नीलू है । इसके मुँह से अक्सर ख़ून निकलता है ।
डॉक्टर	यह कब से हो रहा है ?
सूरजनाथ	क़रीब तीन महीने से ।
डॉक्टर	सिर्फ़ ख़ून निकल रहा है या कुछ और भी हो रहा है ?
सूरजनाथ	बहुत खाँसी भी होती है ।
डॉक्टर	तुम पहले क्यों नहीं आए ?
सूरजनाथ	डॉक्टर साहब, हम लोग गाँव में रहते हैं । किसी ने कहा कि नीलू झाड़-फूँक से ठीक हो जाएगी । इसलिए कुछ दिन तो हमने यही किया । फिर हमने गाँव में एक अस्पताल में दिखाया । उन्होंने कहा कि शहर के बड़े अस्पताल में जाओ क्योंकि हमारे पास जाँच के लिए मशीनें नहीं हैं ।
डॉक्टर	बेटे, मुँह खोलो। क्या कहीं दर्द हो रहा है ?
नीलू	नहीं, सिर्फ़ खाँसी हो रही है ।
डॉक्टर	ज़ोर से साँस लो । (नीलू ज़ोर से साँस लेती है ।)
डॉक्टर	मुझे लगता है इसको टीबी है ।
सूरजनाथ	टीबी तो बहुत ख़तरनाक बीमारी है ।
डॉक्टर	पहले ख़ून की जाँच होगी फिर पता चलेगा कि क्या हुआ है ।
सूरजनाथ	क्या यह ठीक हो जाएगी ?
डॉक्टर	हाँ, टीबी का इलाज है । लेकिन इलाज में थोड़ा समय लगेगा ।
सूरजनाथ	क्या दिल्ली में ही रहना होगा ?
डॉक्टर	कुछ दिन तक तो यहीं रहना होगा । तुम अभी कहाँ रहते हो ?
सूरजनाथ	कल रात को हम लोग अस्पताल के बाहर बस स्टैंड पर सोए थे । आज मालूम नहीं ।
डॉक्टर	हम्म । क्या तुम बेटी के साथ अस्पताल में रहना चाहते हो ?
सूरजनाथ	कितना पैसा लगेगा ?
डॉक्टर	ज़्यादा नहीं । सौ रुपए रोज़ का । एक बेड मिलेगा ।
सूरजनाथ	मेरे पास इतने पैसे नहीं हैं ।
डॉक्टर	लेकिन तुम्हारी बेटी के लिए ठंड ठीक नहीं है । उसे कमरे के अंदर रहना चाहिए । ठीक है । मैं देखता हूँ अगर मैं कुछ कर सकता हूँ । कल ख़ून की जाँच की रिपोर्ट के साथ आना ।
सूरजनाथ	भगवान आपका भला करे, डॉक्टर साहब !

Notes on culture

In Indian villages, medical services for serious illnesses are rarely available, so people have to travel to cities in order to seek treatment. In villages, many people rely on home remedies and other forms of traditional healing. Some blame the evil eye for illness and seek help from an exorcist, whose methods are known pejoratively as झाड़-फूँक (lit. sweeping and puffing).

A) Reading questions

Answer the following questions in complete sentences based on the chapter text.

1 नीलू के मुँह से क्या निकल रहा है और कब से ?
2 नीलू को क्या हुआ है ?
3 नीलू और सूरजनाथ कहाँ से हैं ?
4 गाँववालों के विचार से नीलू कैसे ठीक होगी ?
5 सूरजनाथ नीलू को पहले अस्पताल क्यों नहीं लाया ?
6 सूरजनाथ और नीलू को दिल्ली में कब तक रहना होगा ?
7 नीलू और सूरजनाथ दिल्ली में कहाँ रहते हैं ?
8 डॉक्टर क्यों कहता है कि नीलू बस स्टैंड पर न सोए ?
9 अस्पताल में एक बेड के कितने पैसे लगते हैं ?
10 डॉक्टर सूरजनाथ को क्या लाने के लिए कहता है ?

B) Discussion questions

Discuss the following questions with a partner.

1 क्या आपके शहर में इलाज के लिए लोगों को दूसरे शहर जाना पड़ता है ?
2 अगर आप कभी सफ़र के दौरान बीमार पड़ें, तो आप क्या करेंगे / करेंगी ?
3 आप सेहतमंद रहने के लिए क्या करते / करती हैं ?
4 आपके देश में लोगों को इलाज मिलना कितना आसान है ?
5 आपके विचार से किस देश के लोग सबसे ज़्यादा सेहतमंद हैं ?
6 आप अच्छी सेहत के लिए कौन-कौन सी चीज़ें नहीं खाते / खातीं ?
7 आप झाड़-फूँक के बारे में क्या सोचते / सोचती हैं ?
8 क्या आप डॉक्टरों से डरते / डरती हैं ? क्यों या क्यों नहीं ?

C) First aid handbook

The following are entries from a first aid handbook that describe various illnesses, along with their symptoms and treatments. Study these entries, then answer the questions that follow.

बीमारी का नाम	लक्षण	इलाज
मलेरिया	बुख़ार आना, उलटी आना, पसीना आना, ठंड लगना	अस्पताल जाना, दवा लेना, मच्छरदानी में सोना, पानी आसपास इकट्ठा न होने देना
डेंगू	बुख़ार आना, शरीर पर लाल चकत्ते, सिरदर्द, जोड़ों में दर्द, थकान, ख़ून में, platelets कम होना	अस्पताल जाना, दवा लेना, मच्छरदानी में सोना, शरीर को ढककर रखना, ज़्यादा पानी पीना
दूध की एलर्जी	दस्त, शरीर पर लाल चकत्ते, मुँह के आसपास सूजन, खाना खाने में परेशानी	ख़ून की जाँच, दूध की चीज़ें न खाना
पानी की कमी	चक्कर आना, मुँह सूखना, सिरदर्द, थकान, प्यास लगना	ज़्यादा पानी पीना
टायफ़ाइड	तेज़ बुख़ार, दस्त, पेट में दर्द, सिरदर्द, खाँसी, भूख न लगना	अस्पताल जाना, दवा लेना, फल और खिचड़ी खाना, बार-बार साबुन से हाथ धोना
दस्त	बार-बार दस्त होना, बुख़ार, उलटी आना	बहुत पानी और हर्बल चाय पीना, केला, चावल, और खिचड़ी खाना, मसालेदार खाना न खाना

1 किन बीमारियों में बुख़ार होता है ?
2 किन बीमारियों में दस्त होता है ?
3 किन बीमारियों में सिरदर्द होता है ?
4 किन बीमारियों में पसीना आता है ?
5 किन बीमारियों में दवा लेनी चाहिए ?
6 दूध की एलर्जी के क्या लक्षण हैं ?
7 डेंगू और मलेरिया के लक्षणों में क्या फ़र्क़ है ?
8 किन बीमारियों में ज़्यादा पानी पीना चाहिए ?

D) Diagnose these patients

Imagine that you are traveling in a remote area of India and arrive in a village with five people suffering from various illnesses. For each patient, consider their symptoms, make a diagnosis, and suggest a treatment based on the first aid manual in the previous activity.

1 मुझे थकान रहती है और मेरा मुँह हमेशा सूखा रहता है। मुझे क्या हुआ है ?
2 मुझे बुखार के साथ पसीना आता है। उलटी होती है और ठंड भी लगती है। मुझे क्या हुआ है ?

3 मैं बार-बार बाथरूम जाता हूँ और मुझे बुख़ार है और उलटी भी हो रही है। मुझे क्या हुआ है?
4 मुझे तेज़ बुखार के साथ दस्त और खाँसी होती है। मुझे भूख नहीं लगती। मुझे क्या हुआ है?
5 मुझे सिरदर्द हो रहा है और शरीर पर लाल चकत्ते भी हैं। मुझे बुख़ार भी है। मुझे क्या हुआ है?

E) Role-play: doctor and patient

Meet with a partner and create a role-play between a doctor and patient following the given scenario. When you have finished, switch roles and repeat.

Doctor: Interview the patient and fill out the following intake form. Then ask the patient about his or her symptoms. Make a diagnosis and recommend a plan for treatment.

Patient: Choose an illness from the first aid manual in Activity C and note the symptoms. Answer the doctor's questions about your symptoms. Provide only information that is directly relevant to the doctor's questions.

जीवन अस्पताल, ग़ाज़ियाबाद, उत्तर प्रदेश	
मरीज़ का नाम	
तारीख़	
पता	
जन्म की तारीख़	
लिंग	
क्या सिगरेट पीते हैं?	
क्या शराब पीते हैं?	
शादीशुदा?	
बीमारी के लक्षण	
निदान	

32
एक प्रेम कहानी

Pre-reading

1   What are some ways that people start dating in your country?
2   What is your favorite love story? Why do you like it?

Glossary

प्रेम	m.	love
पड़ोस	m.	neighborhood
कुछ देर	adv.	for a while
इशारा करना	vt.	to signal, to gesture
मज़ाक़	m.	joke
इरादा	m.	intention
नेक	adj.	noble, virtuous
सहेली	f.	a female friend of a female
मुस्कराना	vi.	to smile
आँख मारना	vt.	to wink
X को समझ आना	vi.	for X to understand
अनुभव	m.	experience
भविष्य	m.	future
वर	m.	groom
गोरा	adj.	fair complexioned
कन्या	f.	girl
जाति	f.	caste
बंधन	m.	restriction
घरेलू	adj.	homely, domestic, having qualities of a homemaker
नौकरी-पेशा	adj.	employed
वधू	f.	bride
दहेज	m.	dowry
तलाक़शुदा	inv.	divorced
अधिकारी	m.	an official, one who holds an official post

Text

एक दिन करीना के पड़ोस में एक नया परिवार आया । करीना की माँ पड़ोस के लोगों के लिए चाय और पकौड़े ले गईं और उनसे कुछ देर बातें भी कीं । घर आकर माँ ने ही सबको बताया कि उस घर में शर्मा जी, उनकी पत्नी, और दो बच्चे हैं : एक लड़का और एक लड़की । दोनों ही कॉलेज जाते हैं ।

अगले दिन जब करीना कॉलेज जा रही थी तो उसने पड़ोस के लड़के को देखा और हँसकर "हलो" कहा ।

करीना	आप यहाँ नए हैं न ?
अनिल	हाँ, हम लोग कुछ दिन पहले ही यहाँ आए हैं । आपका नाम क्या है ?
करीना	मेरा नाम करीना है । और आपका ?
अनिल	मेरा अनिल है । नाम तो सुना ही होगा ।

करीना   नहीं सुना । लेकिन आपसे मिलकर ख़ुशी हुई । फिर मिलेंगे ।

अनिल   जी हाँ, हम लोग ज़रूर मिलेंगे ।

कुछ दिन बाद करीना एक कैफ़े में कॉफ़ी पी रही थी । तभी उसने अनिल को देखा । करीना ने उसे बैठने का इशारा किया ।

अनिल   आप यहाँ कैसे ?

करीना   बस, आज आपसे मिलने का मूड था ।

अनिल   आप तो बहुत मज़ाक़ करती हैं । बताइए, यहाँ कैसे ? यह कैफ़े तो घर से बहुत दूर है ।

करीना   मेरा कॉलेज यहाँ है । आप यहाँ कैसे ?

अनिल   मैं तो आपका पीछा कर रहा था ।

करीना   अच्छा जी, अब आप मज़ाक़ के मूड में हैं ।

अनिल   मेरा कॉलेज भी यहीं है । अच्छा, मैं चलता हूँ । क्या हम फिर मिल सकते हैं ?

करीना   कोई काम है क्या ?

अनिल   काम तो नहीं है, लेकिन क्या हम चाय पर फिर नहीं मिल सकते ?

करीना   मिल तो सकते हैं, पर आपका इरादा नेक नहीं लगता ।

इसके बाद अनिल और करीना उसी कैफ़े में कई बार मिले । करीना को अनिल से मिलना अच्छा लगता है । अनिल को भी करीना से बातें करना पसंद है ।

करीना और अनिल किसी को अपनी दोस्ती के बारे में नहीं बताना चाहते थे । लेकिन उनका प्यार बढ़ता जा रहा था क्योंकि अब वे दोनों घंटों फ़ोन पर बातें करते हैं ।

एक दिन कैफ़े में करीना की सहेली आई । करीना को समझ नहीं आया कि अनिल के बारे में कैसे बताए ? उसने अपनी सहेली से कहा, "ये अनिल हैं । और अनिल, यह निशा है ।"

अनिल ने निशा को "हलो" कहा । निशा करीना को देखकर मुस्कराई । फिर उसने पूछा, "अनिल कौन हैं ?"

करीना कुछ नहीं बोली । निशा ने आँख मारकर कहा, "मैं समझ गई ।" फिर सब हँसने लगे ।

Notes on culture

Matchmaking is a thriving business in India, as seen in the popularity of websites for connecting potential partners. Print and online newspapers also devote substantial space to matrimonial advertisements. These advertisements are directed in part toward parents seeking to arrange a marriage for their child. Every aspect of the match is scrutinized, including personality and interests, education and occupation, appearance and height, social status, and caste.

A) *Reading questions*

Answer the following questions in complete sentences based on the chapter text.

1   करीना की माँ पड़ोस के लोगों के लिए क्या-क्या ले गईं और क्यों ?

2   पड़ोस के घर में कौन-कौन हैं ?

3 पहली बार करीना और अनिल कहाँ मिले ?
4 अनिल करीना से क्यों मिलना चाहता था ?
5 करीना को क्यों लगता है कि अनिल का इरादा नेक नहीं है ?
6 निशा अनिल के बारे में क्या समझ गई ?
7 आपको अनिल कैसा लगा ?
8 आपको क्या लगता है कि वे तीनों क्यों हँसने लगे ?

B) Discussion questions

Discuss the following questions with a partner.

1 आपके देश में लोग दोस्त कैसे बनाते हैं ?
2 आपके लिए दोस्ती का मतलब क्या है ?
3 दोस्तों को एक दूसरे के लिए क्या-क्या करना चाहिए ?
4 दोस्तों को एक दूसरे के लिए क्या-क्या नहीं करना चाहिए ?
5 आपके देश में लोग शादी के लिए लड़का या लड़की कैसे ढूँढ़ते हैं ?
6 क्या आप भी दोस्तों से चाय पर मिलते / मिलती हैं ?
7 क्या आप वेबसाइट पर शादी के लिए पति या पत्नी को ढूँढ़ेंगे / ढूँढ़ेंगी ?
8 अगर आपके माँ-बाप आपके लिए पति या पत्नी ढूँढ़ें, तो आप क्या करेंगे / करेंगी ?

C) Tell me about your best friend

Write a paragraph about your best friend. Use the following questions as a framework.

1 आपके दोस्त का नाम क्या है ?
2 आप अपने दोस्त से कैसे मिले / मिलीं ?
3 आप कब से एक दूसरे को जानते / जानती हैं ?
4 पाँच चीज़ें बताइए जो आपको उसके बारे में अच्छी लगती हैं ।
5 क्या आप कभी उसके घर गए / गई हैं ? इसके बारे में बताइए ।
6 आप अपने दोस्त के लिए क्या करते / करती हैं ?
7 भविष्य में आप दोस्ती रखने के लिए क्या करेंगे / करेंगी ?
8 अपने दोस्त की तस्वीर बनाइए ।

D) Matrimonial advertisements

Read the following matrimonial advertisements. Fill in the chart with the details of each advertisement, following the example.

Caste/ community	Age	Height	Appearance	Education/ occupation	Place of residence	Qualities of ideal spouse	Caste considered?	Dowry required?
मारवाड़ी	35	5' 3"	सुंदर, लंबी, गोरी	MBA	मालूम नहीं	पढ़ा-लिखा	नहीं	मालूम नहीं

वर चाहिए।

मारवाड़ी, उम्र 35, क़द 5' 3", सुंदर, लंबी, गोरी, MBA, तलाक़शुदा औरत के लिए पढ़ा-लिखा वर चाहिए । जाति-बंधन नहीं । संपर्क करें 89384304039

जैन, 25 / 5' 1", गोरी घरेलू, 12वीं पास कन्या के लिए दिल्ली का नौकरी-पेशा लड़का चाहिए । ईमेल jain@gmail.in.edu

वधू चाहिए।

कायस्थ, 30 / 5' 8", सुंदर, लंबे, विदेश में रहनेवाले इंजीनियर के लिए गोरी, लंबी, पढ़ी-लिखी, घरेलू वधू चाहिए । दहेज नहीं । संपर्क करें 4342934320

तेली, 35 / 5' 5", सेहतमंद, लम्बे, सरकारी अधिकारी, लखनऊ में रहनेवाले लड़के के लिए सुंदर, गोरी, लंबी, पढ़ी-लिखी वधू चाहिए । जाति-बंधन और दहेज नहीं । संपर्क करें 342343243242

E) Create a matrimonial advertisement

Using the previous matrimonial advertisements as a model, make an advertisement for your best friend. Make sure to draw a picture of your friend and add relevant information about his or her age, height, education, income, occupation, place of residence, and dowry demands.

33
दिवाली में पटाखों पर रोक

Pre-reading

1   How do different types of pollution affect people in your city?
2   What steps can people take to help decrease pollution in your city?

Glossary

समाचार	m.	news
पटाखा	m.	firework

रोक	m.	ban
प्रदूषण	m.	pollution
X के ठीक पहले	pp.	just before X
नुक़सान	m.	harm, loss
X के बिना	pp.	without X
पटाखे जलाना	vt.	to set off fireworks
प्रदूषित	adj.	polluted
वातावरण	m.	environment
X के कारण	pp.	because of X
पीढ़ी	f.	generation
शाबाश	interj.	Well done!
प्रदूषण-मुक्त	adj.	pollution-free
फ़ायदा	m.	benefit
बेचना	vt.	to sell
गंदगी	f.	dirt
कूड़ा	m.	trash

Text

टीवी पर समाचार आ रहा था कि सुप्रीम कोर्ट ने दिल्ली में पटाखों पर रोक लगा दिया है । यह समाचार सुनकर चिंटू के दादा जी ख़ुश होते हैं, लेकिन पिता जी और चिंटू को ग़ुस्सा आता है ।

दादा जी यह तो बहुत अच्छी बात है । पटाखों पर रोक होना ही चाहिए था । सुप्रीम कोर्ट ने बहुत अच्छा किया क्योंकि पटाखों से बहुत प्रदूषण होता है ।

पिता जी लेकिन दिवाली के ठीक पहले पटाखों पर रोक लगाना ग़लत है । वे लोग पहले बता सकते थे । अब तो पटाखे बाज़ार में आ चुके हैं । इससे दुकानदारों को बहुत नुक़सान होगा ।

चिंटू हाँ पापा, यह तो बहुत ग़लत बात है । यह ऐसा ही है जैसे क्रिसमस ट्री के बिना क्रिसमस । मैं पटाखे ख़रीद चुका हूँ और मुझे पटाखे जलाने हैं ।

दादा जी बेटे, जब मैं छोटा था तो दिल्ली बहुत साफ़ और सुंदर थी, लेकिन अब बहुत प्रदूषित है । बहुत लोगों को साँस लेने में परेशानी होती है । यह प्रदूषण हमारे वातावरण के लिए ख़तरनाक है ।

पिता जी लेकिन सिर्फ़ पटाखे जलाने से ही प्रदूषण नहीं होता । प्रदूषण तो कारों और फ़ैक्टरियों के कारण भी होता है । पूरे साल कारों और फ़ैक्टरियों से इतना प्रदूषण होता है, लेकिन सुप्रीम कोर्ट उनपर रोक नहीं लगाता ।

चिंटू	आपने बिल्कुल ठीक कहा, पिता जी । मेरे पास तो कार या फ़ैक्टरी नहीं है । मैं पूरे साल प्रदूषण नहीं करता । मैं तो सिर्फ़ दिवाली में पटाखे जलाना चाहता हूँ । उसपर भी रोक लगा है । लगता है सुप्रीम कोर्ट को दिवाली पसंद नहीं है ।
दादा जी	यह ठीक है कि प्रदूषण सिर्फ़ दिवाली के कारण नहीं होता । उसके और भी कारण हैं, लेकिन अगर हम पटाखे नहीं जलाएँगे तो कुछ प्रदूषण तो कम होगा ।
चिंटू	शायद आप ठीक कह रहे हैं, दादा जी । अगर हम लोग प्रदूषण कम करने के लिए कुछ नहीं करेंगे, तो हमारी आनेवाली पीढ़ी को कैसी दिल्ली मिलेगी ? मेरे बच्चे कैसे साँस लेंगे ? अब मैं सोच रहा हूँ कि मैं इस दिवाली में पटाखे नहीं जलाऊँगा ।
दादा जी	शाबाश चिंटू ! तुम समझ गए । तुम्हारे बच्चों को ज़रूर एक प्रदूषण-मुक्त दिल्ली मिलेगी ।

सब लोग हँसते हैं ।

Notes on culture

Diwali – known as the "festival of lights" – is a major festival in India. People decorate their homes with clay lamps and strings of lights, and enjoy eating sweets and setting off fireworks. In several cities, fireworks cause a dangerous spike in air pollution during the festival. While the government has tried to curb pollution by regulating the sale of fireworks, they remain readily available on the black market.

A) Reading questions

Answer the following questions in complete sentences based on the chapter text.

1   टीवी पर क्या समाचार आ रहा था ?
2   दादा जी पटाखों पर रोक क्यों चाहते थे ?
3   पिता जी को पटाखों पर रोक क्यों नहीं पसंद था ?
4   चिंटू पटाखों पर रोक क्यों नहीं चाहता था ?
5   जब दादा जी छोटे थे, तब दिल्ली कैसी थी ?
6   पटाखों पर रोक से किस-किस को फ़ायदा होगा और किस-किस को नुक़सान ?
7   चिंटू दिवाली में पटाखे क्यों नहीं जलाएगा ?
8   क्या आपको लगता है कि पिता जी दिवाली में पटाखे जलाएँगे ? क्यों या क्यों नहीं ?

B) Fill in the blanks

Complete the sentences by filling in the blanks with the perfect tense form of the verbs in parentheses, following the example. In these sentences, ने marks the doer of the verb. As a result, the verb endings will agree with the object in gender (indicated) and number.

Example: सुप्रीम कोर्ट ने पटाखों पर रोक (m) _____ । (लगाना)

Answer: सुप्रीम कोर्ट ने पटाखों पर रोक लगाया ।

(The Supreme Court banned fireworks.)

1   लोगों ने दिवाली (f) _____ । (मनाना)
2   पड़ोसी ने पटाखे (m) _____ । (जलाना)
3   प्रदूषण ने वातावरण को ख़तरनाक (m) _____ । (बनाना)
4   छोटे बच्चे ने मुश्किल से साँस (f) _____ । (लेना)
5   हमने अपना वातावरण (m) प्रदूषित _____ । (करना)
6   फ़ैक्टरी वालों ने पानी में गंदगी (f) _____ । (डालना)
7   गाय ने प्लास्टिक बैग (m) _____ । (खाना)
8   चायवाले ने प्लास्टिक बैग में चाय (f) _____ । (बेचना)
9   चिंटू ने अपने बच्चों को प्रदूषण मुक्त दिल्ली (f) _____ । (देना)

C) Help solve these environmental problems

Read about the following environmental problems. Meet with a partner and brainstorm multiple solutions to each problem. Choose your best idea for each and prepare a presentation about your solutions.

1   दिल्ली शहर में बहुत सारी प्लास्टिक की थैलियाँ यहाँ-वहाँ पड़ी हैं । प्लास्टिक की थैलियाँ गायें खा रही हैं । कुछ दुकानदार प्लास्टिक की थैलियों में खाना और चाय पैक करके बेच रहे हैं । हम क्या करें ?
2   मैं बनारस में हूँ और लोग गंगा नदी में फूल, दीए, और कपड़े डाल रहे हैं । गंगा में फ़ैक्टरियों का कूड़ा भी आ रहा है और गंगा का पानी काला हो चुका है । हम क्या करें ?
3   कल दिवाली है और मेरे पड़ोस के लोग पटाखे जला रहे हैं । हम घर के बाहर नहीं जा सकते, क्योंकि मेरी बेटी को साँस लेने में परेशानी है । हम क्या करें ?

D) What impact does your favorite festival have on the environment?

Write a paragraph about your favorite festival and its impact on the environment. Use these questions as a framework: How did you celebrate this festival last year? What do you like most about this festival? What things would you like to change? What impact does this festival's celebrations have on the environment? How could this impact be reduced or prevented?

E) Role-play: debate the ban on fireworks

Meet with a partner and create a role-play based on the following scenario. One of you is a factory owner who makes fireworks and employs dozens of workers. The other is a spokesperson for an organization that is concerned about the impact of air pollution on public health and the environment.

Imagine that an Indian television program has invited you and your partner to discuss the ban on fireworks. Create a debate in which you and your partner advocate for your own side of the issue. Then try to find a compromise that satisfies both of your interests.

34

जमीला की ख़रीदारी

Pre-reading

1 Describe your favorite place to shop for clothes. Why do you like shopping there?
2 Have you ever bargained with a shopkeeper over the price of an item? Describe your experience.

Glossary

तीस	adj.	30
शौहर	m.	husband (Urdu)
ईद	f.	the festival of Eid
चेकवाला	adj.	checkered (clothing)
सूती	adj.	made of cotton
क़मीज़	f.	shirt
टेरीकॉट	m.	polyester
गहरा	adj.	deep, dark (colors)
गुलाबी	adj.	pink
वापस आना	vi.	to return
ख़ुशी से नाचना	vi.	to jump with joy (idiom)
कढ़ाई	f.	embroidery
जेब	f.	pocket

Text

जमीला हैदराबाद में रहती है । वह तीस साल की है और एक कम्पनी में क्लर्क है । उसके दो **बच्चे** हैं : एक बेटा और एक बेटी । उसका **शौहर** नहीं है, इसलिए उसे घर का और बाहर का सारा काम ख़ुद करना पड़ता है ।

ईद आनेवाली है और उसके **बच्चे** नए कपड़े चाहते हैं, लेकिन जमीला के पास पैसे नहीं हैं । कुछ दिन पहले उसने बच्चों से कहा, "शायद हम इस साल नए कपड़े नहीं ख़रीद पाएँगे ।"

लेकिन आज वह कम्पनी से आधे दिन की छुट्टी लेकर बाज़ार गई । आख़िर ईद साल में एक बार ही आती है । सबसे पहले वह एक कपड़े की दुकान पर गई । उसने दुकानदार से कहा, "मुझे एक चेकवाली सूती क़मीज़ चाहिए अपने दस साल के बेटे के लिए ।"

दुकानदार ने कहा, "मैडम, यह देखिए । बहुत ही अच्छी क़मीज़ है । इसमें चेक है और रंग भी बहुत अच्छा है ।"

"भैया, यह सूती नहीं है । यह तो टेरीकॉट है । मुझे बच्चे के लिए सिर्फ़ सूती क़मीज़ दिखाइए ।"

"मैडम, इसमें टेरीकॉट और सूती मिक्स है । ज़्यादा चलेगी ।"

जमीला को गुस्सा आता है । "मुझे नहीं चाहिए क़मीज़ ।"

फिर वह दूसरी दुकान पर जाती है । वहाँ सेल थी । सब क़मीज़ें पाँच सौ रुपए की थीं । वह एक गहरे हरे रंग की चेक क़मीज़ पसंद करती है । वह दुकानदार से कहती है, "भैया, कुछ कम करो ।"

दुकानदार कहता है, "मैडम, कम नहीं होगा । लेकिन अगर आप दो क़मीज़ें लेंगी, तो नौ सौ रुपए में दे दूँगा ।"

"मुझे सिर्फ़ एक क़मीज़ चाहिए । चार सौ रुपए की दो, भैया ।"

"नहीं मैडम । कम नहीं होगा ।"

"ठीक है । मुझे नहीं चाहिए ।" जमीला कहती है और बाहर जाने लगती है ।

दुकानदार कहता है, "अच्छा मैडम । एक ही क़मीज़ ले लो ।" जमीला क़मीज़ ख़रीदती है ।

अब उसे अपनी बेटी के लिए एक सूट-सलवार ख़रीदना था । वह एक दुकान में जाकर कहती है, "मुझे पाँच साल की बच्ची के लिए एक फ़ैन्सी सूट-सलवार दिखाइए । थोड़ा सस्ता ।"

दुकानदार ने पूछा, "कितने तक का ?"

"क़रीब तीन सौ रुपए तक का ।" जमीला को एक गुलाबी सूट-सलवार पसंद आता है । वह उसे ख़रीदती है और घर वापस आती है ।

घर पर बच्चे उसका इंतज़ार कर रहे थे । जब जमीला ने बच्चों को कपड़े दिखाए तो दोनों बच्चे ख़ुशी से नाचने लगे । जबकि जमीला सोच रही थी कि वह इस महीने बिजली का बिल कैसे देगी ?

Notes on culture

Skillful bargainers can purchase household items cheaply from a roadside vendor or local shop. For those new to bargaining, a good strategy is to first listen to other customers interacting with the shopkeeper in order to get a sense of the proper prices. Some customers begin negotiations by offering one-third of a shopkeeper's asking price.

The festival of Eid ul-Fitr is a major festival in India that marks the end of the month-long fast of Ramzan. Eid is also a popular occasion for shopping, as people celebrate by giving gifts and wearing new clothes. Some Bollywood stars schedule the release of their films to coincide with this festival.

Most shops in India have very restrictive return policies. After an item has been purchased, it's often impossible to return it, even with a receipt. Still, shopkeepers will sometimes permit an exchange within a week of purchase.

A) *Reading questions*

Answer the following questions in complete sentences based on the chapter text.

1 जमीला कहाँ रहती है और क्या करती है ?
2 जमीला घर का और बाहर का काम ख़ुद क्यों करती है ?
3 ईद में जमीला के बच्चों को क्या चाहिए ?
4 जमीला अपने बेटे के लिए कैसी क़मीज़ ख़रीदती है ?
5 जमीला ने क़मीज़ कितने की ख़रीदी ?
6 जमीला अपनी बेटी के लिए कैसे कपड़े ख़रीदती है ?
7 जमीला सूट-सलवार कितने का ख़रीदती है ?
8 बच्चों को अपने नए कपड़े कैसे लगते हैं ?
9 जमीला बिजली के बिल के बारे में क्यों सोचती है ?

B) Discussion questions

Discuss the following questions with a partner.

1 आप ख़रीदारी करने के लिए कहाँ जाते / जाती हैं ?
2 आपको क्या ख़रीदना बहुत पसंद है ?
3 पिछले हफ़्ते आपने क्या ख़रीदा ?
4 आप किसके साथ ख़रीदारी करते / करती हैं ?
5 आप किस त्यौहार में नए कपड़े पहनते / पहनती हैं ?
6 क्या आप कभी भारतीय कपड़े पहनते / पहनती हैं ? कब और क्यों ?
7 क्या आपके शहर में भारतीय कपड़े मिलते हैं ?
8 आपके कपड़े कहाँ से हैं ? (Hint: Check your tags.)

C) Create a family portrait

Imagine that Jameela has asked you to draw a portrait of her family to show off their new clothing for Eid. Read the description below and draw a portrait of the four people and their clothing.

To extend this activity, find a photo of another family online. Then describe each person in the photo while your partner draws their portrait. When finished, switch roles and repeat.

ईद के दिन जमीला ने साड़ी पहनी है । साड़ी में बहुत सुंदर बॉर्डर है और छोटे-छोटे फूल बने हैं । साड़ी पीले रंग की है ।

उसकी बेटी ने गुलाबी सूट-सलवार पहना है । सूट में काली बिल्ली बनी है । सूट में गोल्डन कॉलर भी है ।

जमीला के बेटे ने चेकवाली हरी क़मीज़ पहनी है । उसमें आगे दो जेबें भी हैं । उसकी जींस नीली है और थोड़ी लंबी है, इसलिए उसने नीचे से फ़ोल्ड की है ।

जमीला के ससुर ने सफ़ेद कुर्ता-पाजामा पहना है । कुर्ता बहुत लंबा है और उसपर बहुत सुंदर कढ़ाई भी है । उनकी टोपी भी सफ़ेद है ।

D) Role-play activity: returning a shirt

Meet with a partner and create a role-play between a customer and a clerk in a clothing shop, as in the following scenario.

Customer: You've found a hole in the new shirt that you bought yesterday. The clerk didn't give you a receipt, but you've decided to return the shirt anyway and ask for a refund. You will consider an exchange for another shirt but would prefer not to spend additional money.

Clerk: According to store policy, you cannot give a refund without a receipt, but you can offer an exchange. The only shirt you have in the customer's size is a darker color and costs 200 rupees more than the one purchased yesterday.

Some useful vocabulary:

अलग	adj.	different
छेद	m.	hole
बदलना	vt.	exchange
रसीद	m.	receipt
वापस करना	vt.	to return
हल्का	adj.	light (color, weight)

E) Role-play: buying shirts

Meet with a partner and create a role-play between a customer and a clerk in a clothing shop, as in the following scenario.

Customer: You want to buy one shirt for each of your twin cousins, Shaan and Jaan. They both wear the same size but have different tastes. Shaan likes cotton t-shirts with pockets and his favorite colors are red and blue. Jaan prefers polyester button-up shirts without pockets and his favorite colors are green and yellow.

Ask the clerk about the features of each shirt. You must purchase one shirt for each cousin that satisfies at least two of their preferences. You have only 700 rupees.

Clerk: You have six shirts in the size the customer has requested. Describe each shirt to the customer and answer his or her questions about their features and prices.

	रंग	कपड़ा	जेब	दाम
बटनवाली क़मीज़	लाल	टेरीकॉट	हाँ	200 रुपए
बटनवाली क़मीज़	हरा	टेरीकॉट	हाँ	250 रुपए
बटनवाली क़मीज़	पीला	सूती	नहीं	300 रुपए
टी-शर्ट	काला	टेरीकॉट	नहीं	350 रुपए
टी-शर्ट	नीला	सूती	नहीं	400 रुपए
टी-शर्ट	लाल	सूती	हाँ	450 रुपए

35

ताजमहल

Pre-reading

1   Where did you go on your last road trip? Describe something unusual or unexpected that happened.
2   What do you know about the Taj Mahal?

Glossary

तेरह	adj.	13
नक़्क़ाशी	f.	carving, sculpture
बनवाना	caus.	to have made
लगभग	adv.	approximately
ढाई सौ	adj.	250
पूरी	f.	fried puffed bread
छोले	m.	chickpeas
लड्डू	m.	a ball-shaped sweetmeat
रोकना	vt.	to stop
अचानक	adv.	suddenly
बादल	m.	cloud
छाना	vi.	to spread (like clouds across a sky)
बारिश	f.	rain
फ़ोटो खिंचवाना	caus.	to have a photograph taken
अँधेरा	m.	darkness
डरावना	adj.	scary
आवाज़	f.	sound, voice
असली	adj.	real
मक़बरा	m.	mausoleum, tomb
लेखिका	f.	female writer

Text

जब मैं तेरह साल की थी तब मैंने ताजमहल के बारे में इतिहास की किताब में पढ़ा था । किताब में ताजमहल की बहुत सारी तस्वीरें थीं जिनमें बहुत ख़ूबसूरत फूलों की नक़्क़ाशियाँ थीं । कहते हैं कि शाहजहाँ ने इसे अपनी पत्नी मुमताज़ की याद में बनवाया था । मैं मुमताज़ के बारे में सोच रही थी कि वह देखने में कैसी होगी ? वह क्या सोचती होगी ? क्या वह सचमुच अपने पति से बहुत प्यार करती थी ?

मैंने अपने पापा से कहा कि "मैं ताजमहल देखना चाहती हूँ ।"

मेरे पापा ने कहा, "अभी बहुत गरमी है । बाद में जाएँगे ।"

मैं नहीं मानी । आख़िर मेरे पापा को मुझे ताजमहल ले जाना पड़ा । हम लोग दिल्ली में रहते थे और ताजमहल आगरा में है, लगभग 250 किलोमीटर दूर ।

मैं बहुत ख़ुश थी । सुबह-सुबह ही मम्मी ने पूरी, छोले, और लड्डू बना लिए । सब लोग कार में बैठ गए और हमने गाने चला दिए । बहुत मज़ा आ रहा था । लेकिन धीरे-धीरे गरमी बढ़ने लगी । सब लोग मुझे ही डाँटने लगे कि हमें गरमी में नहीं आना चाहिए था । रास्ते में हमने कार रोकी और खाना खाया ।

जब हम ताजमहल पहुँचनेवाले थे तो अचानक बादल छा गए और हल्की-हल्की बारिश होने लगी । बारिश में सफ़ेद ताजमहल देखने का अपना ही मज़ा है । हम सबने ताजमहल के सामने फ़ोटो खिंचवाई ।

मैंने ताजमहल में बनी नक्क़ाशियों को छुआ और देर तक उनको देखती रही । मुझे लगा मैं शाहजहाँ का प्यार दीवारों में देख रही हूँ । फिर मैं ताजमहल के अंदर गई, लेकिन वहाँ बहुत अँधेरा था । कुछ लोग मज़ाक़ में डरावनी आवाज़ें निकाल रहे थे । तभी मुझे एक औरत की आवाज़ आई, "असली शाहजहाँ और मुमताज़ का मक़बरा नीचे है । वहाँ कोई नहीं जाता । क्या तुम वहाँ जाना चाहती हो ?"

मैं तो बस यह देखना चाहती थी वह औरत कौन है, लेकिन अंधेरे में मुझे कुछ नहीं दिखा । कहीं वह मुमताज़ तो नहीं ? मुझे थोड़ा डर लगा और मैं बाहर आ गई । मुझे लगा सचमुच शाहजहाँ और मुमताज़ ताजमहल में सो रहे हैं ।

Notes on culture

The summer heat in India is intense, so most people avoid traveling then, even though it's the time of school vacations. The most pleasant times of the year for traveling to sites like the Taj Mahal are the late fall and early spring.

The Taj Mahal was built in the seventeenth century by the Mughal emperor Shah Jahan in memory of his wife Mumtaz Mahal who died at age 38 while giving birth to their 14th child. Some mistakenly think the Taj Mahal was a palace, but in fact it was built as a mausoleum; the emperor and his queen are entombed below the iconic white marble structure.

It took more than 20 years to build the Taj Mahal. There is a popular – but false – legend that when the Taj Mahal was complete, the emperor ordered that all 20 thousand laborers who had helped in its construction should have their hands cut off to prevent a similar structure from being built elsewhere.

A) Reading questions

Answer the following questions in complete sentences based on the chapter text.

1　लेखिका ने कब और कहाँ ताजमहल के बारे में पढ़ा था ?
2　ताजमहल किसने बनवाया था और क्यों ?
3　लेखिका के पिता ताजमहल क्यों नहीं जाना चाहते थे ?
4　शाहजहाँ और मुमताज़ का मक़बरा कहाँ है ?
5　दिल्ली से आगरा कितनी दूर है ?
6　रास्ते में सब लोग लेखिका को क्यों डाँट रहे थे ?
7　आगरा में लेखिका ने क्या किया ?
8　लेखिका नक्क़ाशियों को क्यों देखती रही ?

B) Fill in the blanks

Complete the following sentences by filling in the blanks with the causative form of the verbs in parentheses, as in the example.

Example: शाहजहाँ ने ताजमहल _____ । (बनवाना)
Answer: शाहजहाँ ने ताजमहल बनवाया । (Shah Jahan had the Taj Mahal built.)

1 मैंने काम नौकर से _____ । (करवाना)
2 दादी ने बच्ची से चिट्ठी _____ । (पढ़वाना)
3 हमने धोबी से कपड़े _____ । (धुलवाना)
4 लड़की ने माँ से लड्डू_____ । (बनवाना)
5 हमने एक आदमी से अपनी फ़ोटो _____ । (खिंचवाना)
6 पिता जी ने किस होटल में कमरा बुक _____? (करवाना)

C) Learn more about the Taj Mahal

Search the internet for the answers to these questions about the Taj Mahal. Give your answers in complete sentences.

1 शाहजहाँ ने ताजमहल कब बनवाया ?
2 कौन-सी नदी ताजमहल के पास है ?
3 साल में कितने लोग ताजमहल देखने जाते हैं ?
4 ताजमहल कितने बजे खुलता है और बंद होता है ?
5 लोग ताजमहल को प्रदूषण से कैसे बचा सकते हैं ?
6 ताजमहल के आस-पास क्या-क्या है ?
7 मुग़लों ने भारत में क्या-क्या बनवाया ?
8 बाहर के लोग आगरा में क्या-क्या ख़रीदते हैं ?

D) Discussion questions

Discuss the following questions with a partner.

1 आपके देश में सबसे मशहूर इमारत कौन-सी है ?
2 क्या आपके देश में लोग किसी मक़बरे को देखने जाते हैं ?
3 आपके शहर के आस-पास क्या-क्या देखने लायक़ है ?
4 जब आप पिकनिक पर जाते / जाती हैं तो कौन कौन-सा खाना अपने साथ ले जाते / जाती हैं ?
5 आप गरमी की छुट्टियों में कहाँ घूमने जाते / जाती हैं ?
6 क्या आपको पुरानी इमारतें पसंद हैं ? क्यों या क्यों नहीं ?
7 क्या आप ताजमहल देखना चाहते / चाहती हैं ? क्यों या क्यों नहीं ?

E) Interview: road trip

Interview a partner about a family road trip he or she has taken. Ask questions such as: "What places did you visit, what food did you eat, whom did you meet, what usual experiences did you have?" Use these questions as a framework.

आप कहाँ गए / गईं ?
आप किसके साथ गए / गईं ?
आप क्या-क्या चीजें लेकर गए / गईं ?

आप कब गए / गईं ?

आपने रास्ते में क्या-क्या किया ?

वह जगह देखने में कैसी थी ?

वहाँ आपने कहाँ और क्या खाया ?

आप कब वापस आए / आईं ?

वापस आकर आपने सबसे पहले क्या किया ?

अगर आपके पास वहाँ की कोई फ़ोटो हो, तो मुझे दिखाइए ।

36
अमेरिका में आना

Pre-reading

1   What do you know about your family's history?
2   How did your ancestors come to settle in your country? Where did they live earlier?

Glossary

प्रवासी	m.	immigrant
साक्षात्कार	m.	interview
ज़िंदगी	f.	life
आसान	adj.	easy
मुश्किल	adj.	difficult
भूकंप	m.	earthquake
दबना	vi.	to be crushed, to be buried
बचना	vi.	to remain, to escape
मेहनत करना	vt.	to do hard work
आज़ाद	adj.	independent, free
पैदा होना	vi.	to be born
बड़ा होना	vi.	to grow up
बूढ़ा	adj.	elderly
X की देखभाल करना	vt.	to take care of X
बहादुर	adj.	brave

Text

कॉलेज में विकास को एक प्रोजेक्ट मिला था जिसमें उसे किसी प्रवासी का साक्षात्कार करना था। विकास के पिता जी भी एक प्रवासी थे। वह अपने पिता को अपने प्रोजेक्ट के बारे में बताता है। फिर कहता है, "मैं आपका ही साक्षात्कार लेता, लेकिन आपकी ज़िंदगी तो बहुत आसान थी।"

पिता जी	यह क्या कह रहे हो बेटे? मेरी ज़िंदगी में भी मुश्किलें थीं। जब मैं तुम्हारी उम्र का था तब यहाँ अपने चाचा के पास आया था।
विकास	लेकिन आप यहाँ क्यों आए थे?
पिता जी	गुजरात में भूकंप आया था। उसमें हमारा घर और दुकान दब गए। वहाँ कुछ नहीं बचा, इसलिए मैं यहाँ चाचा जी के पास आया।
विकास	शुरू में आपको अमेरिका कैसा लगा?
पिता जी	मेरे लिए अमेरिका में सब कुछ नया-नया था। यहाँ की सड़कें बहुत साफ़-सुथरी थीं। सब लोग इंग्लिश बोलते थे, इसलिए शुरू में मुझे बड़ी परेशानी हुई। लेकिन मैंने धीरे-धीरे इंग्लिश सीख ली और सोचा कि मैं अपने बच्चों को इंग्लिश ही सिखाऊँगा।
विकास	अच्छा तो इसलिए आप हमेशा हमसे सिर्फ़ इंग्लिश में बात करते थे?
पिता जी	हाँ, लेकिन अच्छा है तुम अपने कॉलेज में हिंदी पढ़ते हो और तुम्हारे कई दोस्त हिंदुस्तानी हैं।

विकास	मुझे अपनी पहली नौकरी के बारे में बताइए ।
पिता जी	जब मैं यहाँ आया था तो गैस स्टेशन पर काम करता था और शाम को एक कम्यूनिटी कॉलेज में पढ़ता था । तुम्हारी माँ से भी मैं उसी कम्यूनिटी कॉलेज में मिला था ।
विकास	अच्छा ? मुझे तो यह सब नहीं मालूम था । आपको अमेरिका में क्या पसंद है ?
पिता जी	अमेरिका में बहुत अच्छे कॉलेज हैं । यहाँ पढ़ाई बहुत अच्छी होती है । हर शहर में मुफ़्त लाइब्रेरी होती है । औरतें पढ़ने के लिए और नौकरी करने के लिए ज़्यादा आज़ाद हैं ।
विकास	भारत के बारे में आपको क्या याद है ?
पिता जी	मैं भारत में पैदा हुआ और वहीं बड़ा हुआ । अभी भी मुझे वहाँ की बहुत याद आती है । सबसे अच्छा वहाँ यह है कि परिवार के लोग एक साथ रहते हैं । बच्चे अपने बूढ़े माँ-बाप की देखभाल करते हैं । मुझे वहाँ के त्यौहार जैसे होली, दिवाली, ईद, और क्रिसमस बहुत पसंद हैं ।
विकास	यह सब सुनकर मुझे लगने लगा कि अपना देश छोड़ना बहुत मुश्किल होता है । आप सचमुच बहुत बहादुर हैं ।

Notes on culture

Throughout history, people from India have settled in other parts of the world for a host of reasons. In the nineteenth and early twentieth centuries, more than 1.5 million Indians were forcibly sent as indentured servants to European colonies in Fiji, Mauritius, South Africa, and the West Indies. Immigration from India to the United States increased considerably in the 1960s after the removal of discriminatory quotas limiting immigration from Asia. Today, some four million people of South Asian origin live in the United States.

In many countries, Hindi has long served as a link language among South Asian immigrants. The United States is home to the greatest number of Hindi speakers outside of South Asia, with around one million people. There are more than 100,000 Hindi speakers living in Australia, Canada, Fiji, Mauritius, South Africa, Suriname, Uganda, and the United Kingdom. Large communities of Hindi speakers are also found in Trinidad and Tobago, Germany, and New Zealand.

A) *Reading questions*

Answer the following questions in complete sentences based on the chapter text.

1 विकास के पिता जी अमेरिका क्यों आए ?
2 विकास के पिता जी को शुरू में अमेरिका कैसा लगा ?
3 अमेरिका में विकास के पिता जी की पहली नौकरी क्या थी ?
4 विकास के पिता जी ने विकास को सिर्फ़ इंग्लिश क्यों सिखाई ? गुजराती और हिंदी क्यों नहीं ?
5 विकास के पिता जी विकास की माँ से कहाँ मिले ?
6 विकास के पिता जी को अमेरिका में क्या-क्या पसंद है ?
7 भारत के बारे में विकास के पिता जी को क्या-क्या याद है ?
8 विकास को क्यों लगता है कि उसके पिता जी बहुत बहादुर हैं ?

B) Fill in the blanks

Complete each sentence by filling in the two blanks. For the first blank, decide whether to add ने or not. Remember that ने is used only with verbs that take a direct object (transitive verbs). For the second blank, give the perfect tense of the verb in parentheses, as in the following example.

Example: विकास ____ पिता जी का साक्षात्कार _____ । (लेना)
Answer: विकास ने पिता जी का साक्षात्कार लिया । (Vikas interviewed his father.)

1 विकास ____ पिता जी को अपने प्रोजेक्ट के बारे में _____ । (बताना)
2 पिता जी ____ चाचा जी के घर _____ । (जाना)
3 भूकंप ____ गुजरात में _____ । (आना)
4 पिता जी ____ अमेरिका आकर इंग्लिश _____ । (सीखना)
5 पिता जी ____ माँ से कॉलेज में _____ । (मिलना)
6 विकास ____ अमेरिका में पैदा _____ । (होना)
7 पिता जी ____ विकास को हिंदी नहीं _____ । (सिखाना)
8 विकास ____ पिता जी से उनकी पहली नौकरी के बारे में _____ । (पूछना)

C) Discussion questions

Converse with your partner using the following questions.

1 जब आप किसी नई जगह जाते / जाती हैं, तो क्या मुश्किलें आती हैं ?
2 आप अगले तीन सालों में कहाँ-कहाँ रहना चाहेंगे / चाहेंगी ?
3 आप कौन-सा देश देखना चाहते / चाहती हैं ?
4 क्या आप कभी विदेश गए / गई हैं ? क्यों या क्यों नहीं ?
5 वहाँ आपको क्या-क्या परेशानियाँ आ सकती हैं ?
6 अगर आपको अचानक दूसरे देश में घर बसाना पड़े, तो आपको कैसा लगेगा ?
7 आपको अपने देश की क्या-क्या चीजें याद आएँगी ?
8 अगर आप अपने साथ सिर्फ़ एक चीज़ ले जा सकते / सकती हैं, तो वह क्या होगी ?

D) Your family history

Research your family's history and find out as much as you can about the generation that immigrated to your country. Then write a couple of paragraphs about one of your ancestors. Use the questions below as a framework.

वे किस देश से आए ?
उन्होंने अपना देश क्यों छोड़ा ?
वे यहाँ क्यों बस गए ?
उनकी पहली नौकरी क्या थी ?

उन्होंने नई भाषा कैसे सीखी ?

उनको क्या-क्या मुश्किलें आईं ?

उनमें और आपमें क्या फ़र्क़ है ?

E) Presentation: Indian immigrants and Hindi

Meet with a partner and choose one of the countries with a large community of Hindi speakers mentioned under the preceding "Notes on culture." Use the internet to research the history of Indian immigration to this country. When did most Indians immigrate to this country, what were their reasons for settling there, and what difficulties did they face? How is Hindi used by this community today? Create a brief presentation with your partner based on your research and share it with your classmates.

37

गंगा के घाट पर

Pre-reading

1 What social or environmental issues are you most concerned about?
2 If you could interview people in India about an issue that interests you, what would you ask?

Glossary

शोध करना	vt.	to do research
संस्कृति	f.	culture
भूगोल	m.	geography
गंगा	f.	Ganges river
घाट	m.	a flight of steps leading into a river
दीया	m.	oil-lamp
लगातार	adv.	continuously
शव	m.	corpse
मृत्यु	f.	death
चक्र	m.	wheel, cycle
दिलचस्प	adj.	interesting
पवित्र	adj.	holy
कचरा	m.	trash
ग़ैर सरकारी संस्था	f.	non-governmental organization (NGO)
सहयोग	m.	cooperation
जानकारी	f.	information
पंडित	m.	religious scholar
स्वर्ग	m.	heaven
पाप	m.	sin
धुलना	vi.	to be washed, to be cleansed
मरना	vi.	to die
मोक्ष	m.	release from the cycle of rebirth
टिप्पणी	f.	comment
X के अलावा	pp.	besides X, in addition to X
समस्या	f.	problem

Text

जॉन और जैक दोस्त हैं और वे शोध करने के लिए बनारस जा रहे हैं । दोनों बहुत ख़ुश हैं क्योंकि वे बनारस की संस्कृति और ज़िंदगी के बारे में बहुत कुछ जानना चाहते हैं ।

जॉन धर्म के बारे में पढ़ता है और जैक भूगोल पढ़ता है । जॉन गंगा की कहानियाँ जानना चाहता है और जैक जानना चाहता है कि गंगा में इतना प्रदूषण क्यों हो रहा है ।

वे दोनों रोज़ गंगा के घाट पर जाते हैं और सुबह से शाम तक वहीं घूमते हैं । कुछ लोग गंगा में सुबह-सुबह नहाते हैं तो कुछ लोग गंगा का पानी बोतल में भरते हैं । उधर कई यात्री उसी पानी में पैसे,

कपड़े, प्रसाद, और दीये डालते हैं । कुछ लोग तो गंगा के घाट पर छोटे बच्चों का मुंडन भी करवाते हैं । और एक घाट पर लगातार शव जल रहे होते हैं । जीवन और मृत्यु का यह चक्र देखना जॉन और जैक को बहुत दिलचस्प लगता है ।

जॉन और जैक सोचते हैं गंगा इतनी पवित्र नदी है तो इसका पानी इतना गंदा क्यों है ? उन्होंने देखा फ़ैक्टरी से भी बहुत सारा कचरा गंगा में आता है जिससे गंगा का पानी काला हो रहा है । बनारस में बहुत-सी ग़ैर सरकारी संस्थाओं के लोग भी काम कर रहे हैं । जैक उनसे अक्सर सवाल पूछता है, जैसे :

"आप यहाँ कब से काम कर रहे हैं ?"

"गंगा में प्रदूषण क्यों हो रहा है ?"

"गंगा का पानी कैसे साफ़ होगा ?"

ग़ैर सरकारी संस्थाओं के लोग जॉन और जैक को बताते हैं कि उनको आम लोगों का सहयोग चाहिए । तभी गंगा साफ़ हो सकती है ।

और ज़्यादा जानकारी के लिए वे दोनों आसपास के पंडितों से भी बातें करते हैं । जॉन पंडितों से सवाल पूछता है, जैसे :

"गंगा नदी पवित्र क्यों है ?"

"गंगा में नहाने से क्या होता है ?"

"यहाँ लोग शव क्यों जलाते हैं ।"

पंडित अलग-अलग जवाब देते हैं । कोई पंडित कहता है, "गंगा पवित्र है क्योंकि यह स्वर्ग से आई है ।"

और कोई कहता है, "गंगा में नहाने से पाप धुलते हैं और यहाँ मरने से मोक्ष मिलता है ।"

ये सब दिलचस्प बातें जॉन और जैक अपने ब्लॉग में लिखते हैं । बहुत लोग उनके ब्लॉग पर टिप्पणियाँ लिखते हैं, इसलिए वह बहुत मशहूर हो रहा है । क्या आपने भी उनका ब्लॉग पढ़ा है ?

Notes on culture

The city of Banaras is also known by the names Kashi and Varanasi. The city stretches for miles along the banks of the Ganges River, with flights of steps leading into the water called घाट. Hindus consider Banaras one of the most sacred cities in India, and many pilgrims travel there to perform various rituals on the घाट.

Devotees believe that the Ganges can wash away a lifetime of sin. Many come to Banaras at the end of their lives, as those cremated in Banaras are said to achieve मोक्ष, release from the cycle of rebirth.

A) Word search

Find and circle at least ten words from this chapter.

स	वा	ल	प	सं	द	दे	वी	ए	पा	प
ह	माँ	ड़	जा	न	का	री	भा	र	त	ड
म	ह	की	पं	डि	त	न	दी	स	भी	ली
मु	श	मे	ह	मा	न	ह	उ	त	सु	क
गं	गा	दे	व	ता	सु	ब	ह	ख़ु	शी	बा
को	ई	हिं	दी	दा	का	ल	रि	क	मो	क्ष
मे	रा	या	बा	द	ल	व	भू	गो	ल	न
जू	ता	त्रा	ब	ना	र	स	मुं	ड	न	का
बा	ज़ा	र	ब	द	चा	व	ल	क	मा	ना
म	ज़े	दा	र	श	व	च	क्र	स	मो	सा

B) Reading questions

Answer the following questions in complete sentences based on the chapter text.

1 जॉन और जैक बनारस क्यों जाना चाहते हैं ?
2 जॉन गंगा के बारे में क्या जानना चाहता है ?
3 सुबह गंगा के घाट पर लोग क्या-क्या करते हैं ?
4 गंगा का पानी काला क्यों हो रहा है ?
5 जैक किन लोगों से सवाल पूछता है ?
6 ग़ैर सरकारी संस्थाओं के लोगों को क्या चाहिए ?
7 जॉन पंडितों से किस तरह के सवाल पूछता है ?
8 लोग क्यों सोचते हैं गंगा पवित्र है ?

C) Discussion questions

Discuss these questions with a partner.

1 क्या आप भी कोई ब्लॉग लिखते / लिखती हैं ? उसके बारे में बताइए ।
2 गंगा के घाट पर "जीवन और मृत्यु के चक्र" के बारे में बताइए ।
3 भारत में धर्म के बारे में आप पंडितों से क्या पूछना चाहते / चाहती हैं ?
4 लोग नदियों में कचरा क्यों डालते हैं ?
5 गंगा नदी का पानी कैसे साफ़ हो सकता है ?
6 नदियों के अलावा भारत में प्रदूषण की सबसे बड़ी समस्या क्या है ?

D) Learn more about the Ganges River

There are many traditional narratives that people tell about the origin of the Ganges River and its significance in India. Research one of these on the internet. Then create a version of the narrative in your own words and share it with your classmates.

E) Learn more about India's environmental problems

Choose a place in India that interests you. Then research what environmental problems the residents of that place are facing today. Look into some of the ways that people are trying to solve these problems. Create a short presentation describing these problems and sharing your views on what the best solution might be.

38

मुझे कार नहीं चाहिए ।

Pre-reading

1   What are your favorite parts of a traditional wedding?
2   What comes to mind when you hear the word "dowry?"

Glossary

एक दूसरे का	adj.	one another's
मेहंदी	f.	henna
गाना गाना	vt.	to sing a song
नाचना	vi.	to dance
ससुराल	f.	the home of one's in-laws
X का दिल करना	vt.	for X to want (idiom)
घी	m.	clarified butter
अगरबत्ती	f.	incense stick
गेंदा	m.	marigold
सजा (हुआ)	adj.	decorated
हल्दी	f.	turmeric
रस्म	f.	ritual
गाल	m.	cheek
आशीर्वाद	m.	blessing
ख़त्म होना	vi.	to end
लेन-देन	m.	transaction
तय	adj.	decided, agreed upon
X की वजह से	pp.	because of X
ख़ैर	interj.	anyway
बारात	f.	wedding procession
X का स्वागत करना	vt.	to welcome X
दूल्हा	m.	groom
जूते चुराना	vt.	to steal shoes
जीजा	m.	sister's husband
नेग	m.	presents given at a marriage
चुप	adj.	quiet
बल्कि	conj.	but rather
पारम्परिक	adj.	traditional
X की तारीफ़ करना	vt.	to praise X
विदाई	f.	farewell
X के गले लगना	vi.	to embrace X
X को शर्म आना	vi.	for X to be ashamed
दुल्हन	f.	bride

Text

शुक्रवार, 10 जनवरी

कल मेरी बड़ी बहन निशा की शादी है, इसलिए घर में औरतें और लड़कियाँ एक दूसरे के हाथों पर मेहंदी लगा रही हैं और गाने गा रही हैं । कुछ लड़कियाँ नाच भी रही हैं ।

सभी लोग ख़ुश हैं, लेकिन मैं सबसे ज़्यादा ख़ुश हूँ । कल के बाद यह कमरा मेरा होगा और मैं अकेले इस कमरे में रहूँगी । दीदी तो अपनी ससुराल चली जाएँगी । उसके सारे कपड़े भी मेरे होंगे । मेरा दिल कर रहा है मैं सारी रात नाचूँ ।

शनिवार, 11 जनवरी

पूरा घर गेंदे के फूलों से सजा है । आज सुबह से घर में पूजा चल रही है, इसलिए घर में घी, फूल, और अगरबत्ती की ख़ुशबू है ।

दोपहर को हल्दी की रस्म शुरू हुई तो सभी लोग निशा दीदी के गालों, हाथों, और पैरों पर हल्दी लगा रहे थे और दीदी सबके पैर छूकर आशीर्वाद ले रही थीं । मैंने भी उनको हल्दी लगाई, लेकिन उन्होंने मेरे पैर नहीं छुए ।

हल्दी में निशा दीदी बिल्कुल गेंदे का फूल लग रही थीं । वहाँ औरतें गाने गा रही थीं । उनके पास इतने सारे गाने हैं कि कभी ख़त्म ही नहीं होंगे ।

तभी एक फ़ोन आया । फ़ोन लड़के के पिता का था । उन्होंने कहा, "हमें शादी में एक कार भी चाहिए ।" शादी शाम को होनेवाली थी और लेन-देन की बातें पहले से तय थीं । कार की वजह से मेरे घरवाले बहुत परेशान हो गए ।

ख़ैर, शाम को बारात आई । हम लोगों ने बारात का स्वागत किया, लेकिन दिल में कोई ख़ुशी नहीं थी । मुझे लग रहा था लड़केवाले अच्छे लोग नहीं हैं । अचानक मुझे अपनी दीदी के लिए डर लगने लगा ।

शादी की रस्में हो रही थीं तो मैंने दूल्हे के जूते चुराए । जब मैंने अपने जीजा जी से नेग माँगा तो उन्होंने मुझे एक हज़ार रुपए दिए । मैंने सोचा, "मेरे जीजा जी आँखों के सर्जन हैं तो उन्हें ज़्यादा नेग देना चाहिए ।" पर मैं कुछ नहीं बोली ।

वहीं मेरी मामी की बेटी मीरा भी खड़ी थी । उसने कहा, "जीजा जी, आप जूते चुराने का नेग एक हज़ार दे रहे हैं और शादी में आपको कार चाहिए । यह क्या बात है ?"

जीजा जी गुस्से में बोले, "मुझे तो कार नहीं चाहिए । किसने कहा मुझे कार चाहिए ?"

"अपने पिता जी से पूछिए ।"

तभी उनके पिता जी वहाँ आए तो जीजा जी ने पूछा, "पिता जी, क्या आपने कार माँगी है ?"

पिता जी चुप थे ।

तब जीजा जी ने सबके सामने कहा, "मुझे कार नहीं चाहिए, बल्कि मैं तो शादी भी कोर्ट में करना चाहता था । लेकिन मेरे परिवार के लोग पारम्परिक शादी चाहते थे ।"

वहाँ सभी लोग जीजा जी की तारीफ़ करने लगे । बस फिर शुरू हो गया औरतों का नाच-गाना ।

इतवार, 12 जनवरी

सुबह मेरी दीदी की विदाई हो रही थी । सभी लोग रो रहे थे । मैं सोच रही थी, "अब दीदी हमेशा के लिए अपनी ससुराल चली जाएँगी और कभी-कभी यहाँ आएँगी ।" मैं अपनी बहन के गले लगकर रोने लगी । मुझे अपने पर बहुत शर्म आई क्योंकि मैं दीदी का कमरा और कपड़े लेना चाहती थी । उस कमरे में हमारी बहुत सारी यादें हैं ।

Notes on culture

The rituals of Indian weddings vary by caste, region, and religion. In the henna ceremony (मेहंदी), the hands and feet of a bride are decorated in henna with intricate designs. It's said that if the dye of a bride's henna remains dark, she will be loved by her mother-in-law. This alludes to the belief that a सास and बहू are natural rivals. This rivalry provides fertile ground for the plots of Indian soap operas.

A few days before the wedding, turmeric (हल्दी) is applied to the bodies of the bride and groom. After this, they are supposed to stay at home until their wedding day.

During the wedding, in a ritual known as "stealing shoes" (जूते चुराना), the bride's sister hides the groom's shoes while he is busy with the ceremony. After the wedding, as the bride and groom prepare to leave, the bride's sister playfully demands money from the groom in exchange for his shoes.

During the विदाई, the bride sheds tears and says her goodbye to family and friends. She receives blessings from family elders after respectfully touching their feet, a bittersweet moment as she leaves her childhood home.

Even though dowry is illegal in India, a groom's family may make sizable demands before marriage in the form of cash, cars, houses, and other expensive items. Many families struggle to afford a daughter's dowry, a source of great financial and emotional stress. In some cases, a groom's family will ask for additional dowry even after the wedding and subject the bride to emotional and physical abuse until their demands are met.

A) Find the match

Match the pictures with the descriptions of the wedding rituals that follow.

1 दुल्हन को हल्दी लग रही है ।
2 दुल्हन को मेहंदी लग रही है ।
3 दुल्हन की विदाई हो रही है ।
4 दुल्हन की बहनें जूते चुरा रही हैं ।

B) *Place these events in order*

Place these events in the order that they occurred in the chapter text.

1 निशा की विदाई हो रही थी । सब लोग रो रहे थे ।

2 जीजा जी के पिताजी का फ़ोन आया । उनको कार चाहिए थी ।

3 जीजा जी ने कहा कि वे कोर्ट में शादी करना चाहते थे ।

4 निशा को लोग हल्दी लगा रहे थे ।

5 निशा सबके पैर छूकर आशीर्वाद ले रही थी ।

6 घर में पूजा हो रही थी और घर में घी और अगरबत्ती की ख़ुशबू थी ।

7 जीजा जी ने जूते चुराने का नेग एक हज़ार रुपए दिए ।

C) Reading questions

Answer the following questions in complete sentences based on the chapter text.

1. लेखिका की दीदी का नाम क्या था ?
2. लेखिका ख़ुश क्यों थी और उसे बड़ी बहन की शादी से क्या मिलनेवाला था ?
3. लेखिका के घर से किस चीज़ की ख़ुशबू आ रही थी ?
4. हल्दी की रस्म में लोग निशा को कहाँ-कहाँ हल्दी लगा रहे थे ?
5. निशा हल्दी की रस्म में क्या कर रही थी ?
6. लेखिका को अपनी दीदी के लिए क्यों डर लगने लगा ?
7. जीजा जी ने जूते चुराने की रस्म में कितने रुपए दिए ?
8. जीजा जी किस तरह की शादी करना चाहते थे ?
9. जीजा जी की सब लोग तारीफ़ क्यों कर रहे थे ?
10. विदाई के समय लेखिका को शर्म क्यों आई ?

D) Describe a wedding you have attended

Write a few paragraphs about a wedding you have attended. Describe some of the rituals that you observed. What was most memorable about the wedding? Did anything surprise you?

E) Role-play: matchmaking

Meet with a partner and create a role-play in which you debate whether your mutual friend Puja should marry her fiancé Raj, following the given scenario. Debate with your partner until you come to some agreement.

Partner A: You think Raj has many bad qualities and is not worthy of Puja. See the following chart for more details.

Partner B: You are impressed with Raj's good qualities and are certain that he and Puja will have a happy marriage. See the following chart for more details.

राज की बुराइयाँ	राज की अच्छाइयाँ
राज को शादी में एक घर चाहिए ।	राज बहुत ख़ूबसूरत और लंबा है ।
उसको खाना बनाना नहीं आता ।	वह बहुत अच्छा गाता है ।
उसकी बहुत सारी गर्लफ़्रेंड हैं ।	वह हमारी दोस्त पूजा से बहुत प्यार करता है ।
वह गाँव में रहता है ।	उसके पिता जी के पास बहुत पैसे हैं ।
वह बहुत कम कमाता है ।	उसके पास नौकरी है ।
वह बहुत आलसी है ।	उसका दिल बहुत अच्छा है ।

39
अब वह मेरा दोस्त नहीं है ।

Pre-reading

1   Describe a time that you witnessed an act of discrimination against someone.
2   How should society ensure equal opportunity to communities that have been the target of discrimination?

Glossary

रूप	m.	form
अलग	adj.	different
नज़र आना	vi.	to appear

जैसा	adj.	like, similar to
शामिल होना	vi.	to be included
अच्छा-ख़ासा	adj.	very good
जेब ख़र्च	m.	pocket money
आरक्षण	m.	reservation (of a seat), quota
दलित	m.	a community in India oppressed by caste discrimination
ख़ामोश	adj.	silent
गाली देना	vt.	to call names, to insult, to curse
साला	m.	wife's brother (also used as an insult)
दाख़िला लेना	vt.	to take admission
धैर्य से	adv.	patiently
बदलना	vt.	to change
अधिकार	m.	right (legal or moral)
समाज	m.	society

Text

मेरा नाम जीवन है । मैं पूरी ज़िंदगी विदेशों में घूमता रहा क्योंकि मेरे पिता जी विदेश में काम करते थे । कभी मैं जापान में रहता था, कभी अमेरिका में । सब जगह मैंने बहुत मज़े किये और बहुत-से दोस्त भी बनाए ।

मैं भारत में एक साल से रह रहा हूँ और मुझे लगता है कि भारत सबसे अच्छा देश है । जापान और अमेरिका में हम लोग अपने रंग और रूप की वजह से अलग नज़र आते थे, लेकिन भारत में हम लोग भी भारतीय जैसे लगते हैं ।

यहाँ पर मैं एक कॉलेज में पढ़ता हूँ । जब मैं यहाँ नया-नया आया था तो यहाँ मेरा कोई दोस्त नहीं था । एक दिन मैं कॉलेज के कैफ़े में पढ़ रहा था । वहाँ एक लड़का मुझसे मिला । उसका नाम संदीप ठाकुर था । उसने बताया कि वे लोग ग्रुप में पढ़ाई करते हैं । मैं भी उस ग्रुप में शामिल हो गया ।

संदीप मुझसे अक्सर नोट्स माँगता था और कभी-कभी पैसे भी । मैं पढ़ने में बहुत अच्छा हूँ, इसलिए मैं उसकी मदद पढ़ने में करता था । मेरे पिता जी एक बहुत बड़े अधिकारी हैं और मुझे अच्छा-ख़ासा जेब-ख़र्च भी देते हैं, इसलिए मैं अक्सर अपने ग्रुप के लोगों को कैफ़े में खाना खिलाता था । सब लोग मुझसे बहुत ख़ुश थे ।

एक दिन हम लोग कैफ़े में बैठे थे । तभी संदीप ने कहा, "वे लोग अपने को समझते क्या हैं ? आरक्षण की वजह से अच्छे कॉलेज में आ जाते हैं और फिर सबसे अच्छी नौकरी भी उनको मिल जाती है ।"

मैं कुछ समझा नहीं । मैंने पूछा, "तुम किन लोगों की बात कर रहे हो ?"

"अरे वही दलितों की ।"

"इसमें ग़लत क्या है ?"

"आरक्षण और दलितों की बातें तुम नहीं समझोगे । तुम तो विदेश में रहते थे ।"

"लेकिन मैं ख़ुद एक दलित का बेटा हूँ ।" सब लोग दो मिनट के लिए ख़ामोश हो गए ।

फिर संदीप ने कहा, "तूने पहले क्यों नहीं बताया ?"

मैंने कहा, "तुमने कभी पूछा नहीं ।"

संदीप ने मुझे गाली दी और कहा, "साले, मैंने पूछा नहीं तो क्या तू बताएगा नहीं ? तेरे पास ब्रांडेड जूते और मैकबुक थे । मैंने सोचा किसी बड़े परिवार से होगा । मुझे क्या पता था तू एक दलित है । आज के बाद मेरे सामने भी मत आना ।"

मैंने कुछ नहीं कहा । मैं क्या कहता ? बस अपने आपसे पूछता रहा, "क्या ब्रांडेड चीज़ें दलितों के पास नहीं हो सकतीं ?"

घर जाकर मैंने अपने पिता जी को सब कुछ बताया और कहा, "अब मैं इस कॉलेज में कभी नहीं जाऊँगा । मैं किसी दूसरे कॉलेज में दाख़िला लूँगा ।"

पिता जी ने बड़े धैर्य से कहा, "यह तो बहुत छोटी-सी बात है, बेटा । यह तो हमेशा ही होगा । क्या तुम हमेशा अपना कॉलेज बदलोगे ?"

Notes on culture

Among Hindus, a surname often reveals information about a person's caste. The caste system is a social hierarchy based on the belief that some groups are more ritually pure than others. Today most reject the more deterministic parts of this system, but caste continues to impact people's education, career, and potential marriage partners.

Discrimination based on caste is responsible for a long history of abuse and violence against communities at the bottom or outside of the caste hierarchy, those once referred to in English as "untouchables." For generations, activists such as B.R. Ambedkar (1891–1956) have organized against caste discrimination to change social attitudes and carry out governmental reforms. Following Ambedkar's lead, those who suffered the worst discrimination choose to refer to themselves by the title दलित, which has replaced the derogatory "untouchable."

Since the 1990s, the Indian government has implemented a system of आरक्षण (reservation) on behalf of the दलित community and other groups to ensure their access to education and employment. This system reserves a set percentage of seats exclusively for these groups in educational institutions and government jobs. Despite these reforms, many continue to face caste discrimination, and incidents of caste-related violence are frequently documented.

A) Place these events in order

Place these events in the order that they occurred in the chapter text by numbering the blanks 1 through 8.

_____ जीवन विदेश में रहता था ।
_____ जीवन ने संदीप से दोस्ती की ।
_____ जीवन भारत आया ।

_____ जीवन दूसरे कॉलेज में दाख़िला लेना चाहता था ।
_____ संदीप और जीवन अब दोस्त नहीं हैं ।
_____ संदीप को मालूम चला कि जीवन दलित है ।
_____ संदीप जीवन से नोट्स और पैसे लेता है ।
_____ संदीप ने जीवन को गाली दी ।

B) Reading questions

Answer the following questions in complete sentences based on the chapter text.

1 जीवन विदेश में क्यों रहता था ?
2 जीवन को भारत क्यों पसंद था ?
3 जीवन और संदीप दोस्त कैसे बने ?
4 जीवन संदीप की मदद कैसे करता था ?
5 जीवन के पास इतने पैसे क्यों थे ?
6 सब लोग ख़ामोश क्यों हो गए ?
7 संदीप ने क्यों सोचा कि जीवन दलित नहीं है ?
8 जीवन के पिता जी ने क्या सुझाव दिया ?

C) Discussion questions

Discuss these questions with a partner.

1 दलित लोगों के बारे में आप क्या जानते हैं ?
2 आपके विचार से जीवन को क्या करना चाहिए और क्या नहीं करना चाहिए ?
3 आप अपने दोस्तों से अलग कैसे हैं ?
4 क्या आपका कोई दोस्त विदेश से आया है ?
5 आपके समाज में क्या-क्या चीजें हैं जो आपको पसंद नहीं ?
6 क्या आपके देश में रंग और रूप की वजह से लोग एक दूसरे को परेशान करते हैं ?
7 आपके देश में आदमी और औरत के अधिकारों में क्या फ़र्क़ है ?
8 लोग समाज को कैसे बेहतर बना सकते हैं ?

D) Create a poster

Study these posters that advocate for equal rights in India. Using these as a model, create a poster that addresses a social injustice in India or your country.

लब	m.	lip
स्वतंत्रता	f.	freedom
समानता	f.	equality
भाईचारा	m.	brotherhood

E) Role-play: interview with a social activist

Meet with a partner and create a role-play between a talk show host and a social activist. The host should choose a social injustice in your country for the focus of the interview. Use the following questions as a framework. When you have finished the interview, switch roles and repeat.

अपने बारे में बताइए ।
आपके आसपास ऐसा क्या हो रहा है जो आपको पसंद नहीं है ?
ऐसा क्यों हो रहा है ?
इससे किस-किस को नुक़सान हो रहा है ?
उसके बारे में कुछ सुझाव भी दीजिए ।
आप इसको बदलने के लिए क्या-क्या कर सकते / सकती हैं ?

40
लड़केवाले आ रहे हैं ।

Pre-reading

1   What are some ways that people in your country find their spouses?
2   What role do you expect your parents to have in planning your marriage?

Glossary

पकवान	m.	a delicacy (food)
लड़केवाले	m.	the groom's family and friends
X की ख़ातिरदारी करना	vt.	to show hospitality to X

ख़ूबी	f.	good quality, a positive attribute
एक साथ	adv.	together
X का मन करना	vt.	for X to want
छुपना	vi.	to hide
रिश्ता आना	vi.	for an offer of marriage to come
लाख	adj.	1,00,000
साँवला	adj.	dark-complexioned
बेइज़्ज़ती	f.	disrespect
पक्का करना	vt.	to make definite, to settle on (agreement)
शुरू होना	vi.	to start
धीरे-धीरे	adv.	gradually
एक दूसरे को	adv.	to one another

Text

मंगलवार, 10 मार्च

घर की सफ़ाई एक हफ़्ते से चल रही थी और आज सुबह से ही तरह-तरह के पकवान बन रहे थे क्योंकि लड़केवाले आनेवाले थे । मुझे तैयार करने के लिए मेरी सहेली आई थी । मैंने माँ की बनारसी साड़ी पहनी और तैयार हुई ।

लड़केवाले आए तो सब लोगों ने उनकी बहुत ख़ातिरदारी की । सब लोग चाहते थे कि मेरी शादी जल्दी हो जाए क्योंकि अब मैं तीस साल की हूँ । सबको लड़का बहुत पसंद था क्योंकि वह इंजीनियर है और अच्छा कमाता है । यही लड़के की ख़ूबी थी । मैं एक कम्पनी में मैनेजर हूँ और मैं भी अच्छा कमाती हूँ, लेकिन यह मेरी ख़ूबी नहीं है । मेरी ख़ूबी है कि मैं खाना बना सकती हूँ ।

ख़ैर, लड़केवाले आए और मैं उनको चाय देने गई । सभी लोग मुझे एक साथ देख रहे थे । मेरा मन कर रहा था कि मैं कहीं छुप जाऊँ । तभी लड़के की माँ ने पूछा, "क्या तुमको खाना बनाना आता है ?"

मैंने कहा, "हाँ ।"

फिर लड़के के भाई ने पूछा, "क्या आप गाँव में रह सकेंगी ?"

मैंने माँ को देखा । फिर कहा, "नहीं, मैं गाँव में नहीं रह सकूँगी क्योंकि मैं शहर की लड़की हूँ और यहीं नौकरी करती हूँ ।"

बाद में उनका फ़ोन आया और उन्होंने कहा, "हम शादी नहीं करना चाहते क्योंकि लड़की बहुत बोलती है ।"

इतवार, 20 जून

आज फिर मुझे देखने लड़केवाले आए थे । लड़का सरकारी नौकरी करता है । उसकी माँ बोलीं, "मेरे बेटे के लिए बहुत रिश्ते आ रहे हैं और लोग हमें पचास लाख रुपए दहेज भी देने को तैयार हैं ।"

मैं सोच रही थी अगर इतना पैसा मिल रहा था तो यहाँ क्यों आए । हम तो दहेज में कुछ नहीं दे सकते ।

फिर मैं चाय देने गई । सभी लोग मुझे देख रहे थे लेकिन इस बार मुझे शर्म नहीं आ रही थी । लड़के की बहन ने पूछा, "तुम कहाँ काम करती हो और कितना कमाती हो ?"

मेरी माँ ने जवाब दिया, "यह एक कम्पनी में मैनेजर है और सत्तर हज़ार रुपए महीना कमाती है ।"

फिर लड़के की माँ ने कहा, "लड़की कमाती तो अच्छा है लेकिन थोड़ी साँवली है । देखिए, मेरा तो एक ही लड़का है । हम तो सुंदर लड़की से ही शादी करेंगे ।"

फिर मैं अपने कमरे में आ गई । मेरी इतनी बेइज़्ज़ती कभी नहीं हुई थी । मैंने अपने माँ-बाप से कहा, "बस, अब मैं शादी नहीं करना चाहती । मैं फिर से लड़केवालों के लिए चाय नहीं लाऊँगी ।" फिर मैं बहुत रोई । आज का दिन बहुत उदास था ।

शनिवार, 12 दिसंबर

आज भी मेरे घर लड़केवाले आ रहे हैं, लेकिन शादी पक्की करने । सुमित, मेरी ही कम्पनी में काम करता है । वह मुझे बहुत पहले से पसंद करता था, लेकिन मुझसे कहने से डरता था । एक दिन हम दोनों मेट्रो में मिले और हमारी बातें शुरू हो गईं । धीरे-धीरे हम दोनों एक दूसरे को पसंद करने लगे । उसके मम्मी-पापा भी इस शादी से ख़ुश हैं । आज वे सब लोग घर आ रहे हैं । मैंने वही बनारसी साड़ी पहनी, लेकिन इस बार ख़ुशी से ।

Notes on culture

The city of Varanasi is known for its fine embroidered sarees woven with silk. These are often worn by women for special occasions.

To find a match for their son, prospective in-laws visit a woman's home in order to interview her. The potential bride is expected to serve the guests tea and snacks and demurely answer their questions. Naturally, many women find this interview to be a stressful ordeal.

A) Place these events in order

Place these events in the order that they occurred in the chapter text by numbering the blanks 1 through 6.

_____ मैंने अपने माँ-बाप से कहा, "मुझे शादी नहीं करनी ।"

_____ मैं चाय लाई । सब लोग मुझे देख रहे हैं और मुझे शर्म आ रही है ।

_____ सुमित और मैं एक ही कम्पनी में काम करते हैं और एक दूसरे को पसंद करते हैं ।

_____ आज मेरी शादी पक्की करने के लिए सुमित के माँ-बाप आ रहे हैं ।

_____ लड़के के भाई ने पूछा कि क्या मैं गाँव में रह सकूँगी ?

_____ लड़के की माँ ने कहा, "मैं तो अपने लड़के की शादी एक सुंदर लड़की से ही करूँगी ।"

B) Reading questions

Answer the following questions in complete sentences based on the chapter text.

1   दस मार्च को लेखिका ने क्या तैयारियाँ की थीं ?

2   दस मार्च को सब लोगों को लड़का क्यों पसंद था ?

3   लेखिका अपनी क्या-क्या ख़ूबियाँ बताती है ?

4   दस मार्च को लड़के के भाई ने क्या पूछा था ?

5   बीस जून को आनेवाला लड़का क्या काम करता था ?

6   बीस जून को लड़केवालों ने शादी करने से मना क्यों किया ?

7   लेखिका ने अपने पिता जी को क्यों बताया कि वह शादी नहीं करेगी ?

8   लेखिका की शादी किससे हुई और लेखिका लड़के से कैसे मिली ?

C) Discussion questions

Discuss these questions with a partner.

1   लोग शादी क्यों करते हैं ?

2   आपके कितने दोस्त शादीशुदा हैं ?

3   आपके देश में शादी करने के क्या-क्या फ़ायदे हैं ?

4   क्या सबको शादी करनी चाहिए ? क्यों या क्यों नहीं ?

5   शादी के लिए कितनी उम्र होनी चाहिए और क्यों ?

6   शादी के लिए लड़की में क्या ख़ूबी होनी चाहिए ?

7   शादी के लिए लड़के में क्या ख़ूबी होनी चाहिए ?

8   शादी के बाद लड़के और लड़की दोनों को नौकरी क्यों करनी चाहिए ?

D) Create a poster

Study the posters shown in Figure 40.2 that advocate for women's rights in India. Using these as a model, create a poster that addresses gender inequality in India or in your country.

FIGURE 40.2

E) Role-play: celebrity matchmaker

Meet with a partner and create a role-play in which a client visits a matchmaker in order to find a spouse, following the given scenario. When a match has been made, switch roles and repeat.

Client: Answer the matchmaker's questions about your ideal spouse.

Matchmaker: Ask the client questions about what qualities he or she is looking for in a spouse. Your list of clients includes many celebrities around the world. Suggest a celebrity match for your partner based on his or her answers to your questions.

APPENDICES

APPENDIX 1

Hindi numbers

एक	1	१
दो	2	२
तीन	3	३
चार	4	४
पाँच	5	५
छह	6	६
सात	7	७
आठ	8	८
नौ	9	९
दस	10	१०
ग्यारह	11	११
बारह	12	१२
तेरह	13	१३
चौदह	14	१४
पंद्रह	15	१५
सोलह	16	१६
सत्रह	17	१७
अठारह	18	१८
उन्नीस	19	१९
बीस	20	२०

Counting by tens

दस	10	१०
बीस	20	२०
तीस	30	३०
चालीस	40	४०
पचास	50	५०
साठ	60	६०
सत्तर	70	७०
अस्सी	80	८०
नब्बे	90	९०
सौ	100	१००

Higher numbers

एक सौ	100
दो सौ	200
तीन सौ	300
एक हज़ार	1000
दो हज़ार	2000
लाख	1,00,000
करोड़	1,00,00,000

Telling time

तीन बजे	3:00
सवा तीन बजे	3:15
साढ़े तीन बजे	3:30
पौने चार बजे	3:45

Fractions

आधा	one-half
साढ़े	(+ one-half)
साढ़े चार सौ	450
डेढ़	1.5

डेढ़ हज़ार	1500
ढाई	2.5
ढाई बजे	2:30

Ordinal numbers

पहला	first
दूसरा	second
तीसरा	third
चौथा	fourth
पाँचवाँ	fifth

APPENDIX 2

Body parts

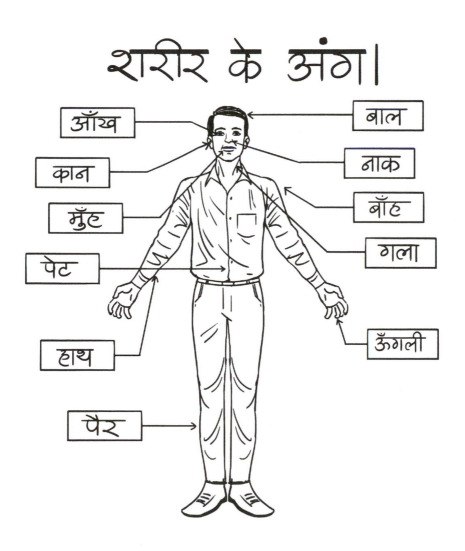

शरीर के अंग।

आँख — बाल

कान — नाक

मुँह — बाँह

पेट — गला

हाथ — ऊँगली

पैर

APPENDIX 3

Comic strip

GLOSSARY

This Hindi-English glossary includes the words from each of the chapter glossaries. These words are defined primarily according to their usage in these chapters. To understand each word's broader range of meaning, we recommend using a dictionary such as *Essential Hindi Dictionary* (McGraw-Hill) or *Oxford Hindi-English Dictionary* (Oxford).

अ

अंडा देना	vt.	to lay an egg
अंदर	adv.	inside
अँधेरा	m.	darkness
अकेला	adj.	alone
अक्षर	m.	letter (of the alphabet)
अक्सर	adv.	often
अख़बार	m.	newspaper
अगर . . . तो . . .	conj.	if . . . then . . .
अगरबत्ती	f.	incense stick
अगला	adj.	next
अगले महीने	adv.	next month
अगले साल	adv.	next year
अचानक	adv.	suddenly
अचार	m.	pickle
अच्छा-ख़ासा	adj.	very good
(X को) अच्छा लगना	vi.	to seem good to X
अच्छावाला	adj.	good, the good kind
अच्छी तरह से	adv.	properly, thoroughly

अठारह	adj.	eighteen
अदरक	m.	ginger
अधिकार	m.	right (legal or moral)
अधिकारी	m.	an official, one who holds an official post
अनजान	adj.	unknown
अनार	m.	pomegranate
अनुभव	m.	experience
अनोखा	adj.	unique
अधिकार	m.	right, authority
अपना	pn.	one's own (my own, your own, etc.)
अभी	adv.	right now
अम्मी-अब्बू	m.	parents (common among Urdu speakers)
अलग	adj.	different
अलमारी	f.	cupboard
असली	adj.	real
अस्थमा	m.	asthma
अस्पताल	m.	hospital
अस्सी	adj.	80

आ

आँख	f.	eye
आँख मारना	vt.	to wink
आँच	f.	heat, flame
आकर्षित	adj.	attracted
आख़िर	adv.	finally, at last
आख़िरी	adj.	final, last
आगमन	m.	arrival
आगे	adv.	forward, in front, ahead
आजकल	adv.	nowadays
आज़ाद	adj.	independent, free
आदत	f.	habit
(X को) आदत होना	vi.	for X to become used to
आदमी	m.	man, person
आधा	adj.	half
आधार	m.	foundation, the name of India's national ID card
आना	vi.	to come

(X को) Y आना	vi.	for X to know how to Y
आपस में	adv.	among
आपसे मिलकर ख़ुशी हुई ।	phr.	Nice to meet you.
आम	adj.	common
आम	m.	mango
आमने-सामने	adv.	face-to-face
आरक्षण	m.	reservation (of a seat), quota
आराम करना	vt.	to rest, to relax
आलसी	adj.	lazy
आलू	m.	potato
आलू पराठा	m.	flatbread stuffed with potato
आवाज़	f.	sound, voice
आशीर्वाद	m.	blessing
आसन	m.	pose in yoga
आसमान	m.	sky
आसमानी	adj.	sky blue
आसान	adj.	easy

इ

(X का) इंतज़ार करना	vt.	to wait for X
इकट्ठा होना	vi.	to collect, to gather
इज़हार करना	vt.	to express
इतना	adj.	so much, so
इतवार	m.	Sunday
इतिहास	m.	history
इधर-उधर	adv.	here and there
इमारत	f.	building
इरादा	m.	intention
इलाज	m.	treatment
इलायची	f.	cardamom
इशारा करना	vt.	to signal, to gesture
इसलिए	conj.	therefore

ई

ईद	f.	the festival of Eid

उ

उठना	vi.	to get up, to rise

उठाना	vt.	to wake up, to pick up
उतना	adj.	that much
उतरना	vi.	to get out (of a vehicle), to alight, to descend
उदास	adj.	sad
उबालना	vt.	to boil
उमस	f.	humidity
उम्मीद है कि . . .	phr.	Hopefully . . . (followed by subjunctive)
उम्र	f.	age
(X को) उलटी आना	vi.	for X to vomit
उलटी तरफ़	adv.	in the opposite direction
उल्लू	m.	owl

ऊ

ऊँचा	adj.	high, tall
ऊपर	adv.	up

ए

ए॰सी॰	m.	AC (air-conditioning)
एक	adj.	one
एकदम	adv.	completely
एक दूसरे का	adj.	one another's
एक दूसरे को	adv.	to one another
एक साथ	adv.	together

औ

औरत	f.	woman

क

कक्षा	f.	class, classroom
कचरा	m.	trash
कच्चा	adj.	unripe
कटवाना	caus.	to cause to cut
कड़वा	adj.	bitter
कड़ाही	f.	Indian wok, frying pan
कढ़ाई	f.	embroidery
कन्या	f.	girl

कपड़ा	m.	clothing, cloth
कब	inter.	when
कब तक	inter.	until when
कब से	inter.	since when
कभी	adv.	ever, at any time
कभी-कभी	adv.	sometimes
कम	adj.	little, small (quantity)
कम करना	vt.	to make less, to decrease
कम से कम	adv.	at least
कमरा	m.	room
कमाना	vt.	to earn
क़मीज़	f.	shirt
करना	vt.	to do
क़रीब	adv.	approximately
कल	adv.	yesterday, tomorrow
कसूरी मेथी	f.	fenugreek leaves
कहना	vt.	to say
कहाँ	inter.	where
कहानी सुनाना	vt.	to tell a story
कहीं	adv.	somewhere
कहीं और	adv.	somewhere else
कहीं नहीं	adv.	nowhere
काटना	vt.	to cut
कान	m.	ear
काफ़ी	adv.	quite, enough
काम करना	vt.	to work
कामवाली	f.	maid
काला	adj.	black
कितना	inter.	how much, how many
X कितने का है ?	phr.	How much is X?
किताब	f.	book
किराया	m.	fare, rent
क़िस्मत	f.	fate, luck
X की तरफ़	pp.	toward X
X की तरह	pp.	like X, in the manner of X
X की वजह से	pp.	because of X
कुछ	adj. and pn.	some, something
कुछ देर	adv.	for a while

कुरसी	f.	chair
कूड़ा	m.	trash
कूदना	vi.	to jump
कृप्या	adv.	please, kindly
X के अंदर	pp.	inside X
X के अलावा	pp.	besides X, in addition to X
X के आसपास	pp.	nearby X
X के ऊपर	pp.	above X
X के कारण	pp.	because of X
X के ठीक पहले	pp.	just before X
X के नीचे	pp.	under X
X के पहले	pp.	before X
X के पास	pp.	near X (also used to express possession)
X के पास जाना	vi.	to go to see X (used when X is a person)
X के प्रति	pp.	toward X, with regard to X (used for opinions, feelings)
X के बग़ैर	pp.	without X
X के बदले	pp.	in place of X
X के बाद	pp.	after X
X के बारे में	pp.	about X
X के बाहर	pp.	outside X
X के बिना	pp.	without X
X के बीच में	pp.	in the middle of X, between X
X के लिए	pp.	for X
X के विचार से	pp.	in X's opinion
X के साथ	pp.	with X
X के सामने	pp.	facing X
केला	m.	banana
कैसा	inter.	what type of
कैसे	inter.	how
कोई	adj. and pn.	any, someone
कोई और	pn.	any other, another
कोई बात नहीं ।	phr.	No problem.
क़ोरमा	m.	a gravy-based meat dish
(X की) कोशिश करना	vt.	to attempt to X
कौन	inter.	who
क्या	inter.	what

क्या हुआ ?	phr.	What happened?
क्यों	inter.	why
क्योंकि	conj.	because

ख

खटखटाना	vt.	to knock
खट्टा	adj.	sour
खड़ा होना	vi.	to stand
ख़तरनाक	adj.	dangerous
ख़त्म होना	vi.	to end
ख़राब	adj.	bad, broken
ख़रीदना	vt.	to buy
ख़र्चा	m.	expense
खाँसना	vi.	to cough
खाँसी	f.	cough
(X की) ख़ातिरदारी करना	vt.	to show hospitality to X
खाना	vt.	to eat
ख़ामोश	adj.	silent
ख़ाली	adj.	empty
ख़ास	adj.	special
खिचड़ी	f.	a dish made with rice and lentils
खिड़की	f.	window
खिलाड़ी	m.	player (game, sport)
खिलाना	vt.	to feed, to serve food
खिलौना	m.	toy
खीरा	m.	cucumber
ख़ुद	pn.	oneself (myself, yourself, etc.)
खुला (हुआ)	adj.	open
ख़ुशक़िस्मत	adj.	lucky, fortunate
ख़ुशबू	f.	fragrance, aroma
ख़ुशबूदार	adj.	fragrant
ख़ुशी	f.	happiness
ख़ुशी से	adv.	happily
ख़ुशी से नाचना	vi.	to jump with joy (idiom)
ख़ून	m.	blood
ख़ूबसूरत	adj.	beautiful
ख़ूबी	f.	good quality, a positive attribute

खेत	m.	field, farmland
खेल	m.	sport
खेलना	vt.	to play
ख़ैर	interj.	anyway
खोमचे वाला	m.	snack vendor
खोलना	vt.	to open
ख़्याल	m.	opinion, thought, idea
(X का) ख़्याल रखना	vt.	to take care of X

ग

गंगा	f.	Ganges river
गंदगी	f.	dirt
गंदा	adj.	dirty
गरम	adj.	hot
गरम करना	vt.	to heat
गरम-मसाला	m.	a blend of ground spices
गरमी	f.	heat
ग़लत	adj.	incorrect, wrong
गलना	vi.	to dissolve
गला	m.	throat
गली	f.	alley, lane
(X के) गले लगना	vi.	to embrace X
गहरा	adj.	deep, dark (colors)
गाँव	m.	village
गाजर	f.	carrot
गाड़ी	f.	car, train
गाना गाना	vt.	to sing a song
गाय	f.	cow
गाल	m.	cheek
गाली देना	vt.	to call names, to insult, to curse
गुज़ारा करना	vt.	to make a living
गुझिया	f.	a sweet pastry filled with milk solid and nuts
गुठली	f.	pit of a fruit
गुदगुदी करना	vt.	to tickle
गुरूवार	m.	Thursday
गुलाब	m.	rose
गुलाबी	adj.	pink

(X को) ग़ुस्सा आना	vi.	for X to get angry
गेंद	f.	ball
गेंदा	m.	marigold
ग़ैर सरकारी संस्था	f.	non-governmental organization (NGO)
गैसवाला	adj.	gas-powered
गोभी	f.	cauliflower (फूल गोभी), cabbage (बंद गोभी)
गोरा	adj.	fair-complexioned
गोल	adj.	round
गोल घुमाना	vt.	to move in a circle
ग्राहक	m.	customer

घ

घंटा	m.	hour
घंटी बजना	vi.	for a bell to ring
घड़ी	f.	clock
घना	adj.	dense, thick
घर	m.	home, house
घरेलू	adj.	homely, domestic, having qualities of a homemaker
घाट	m.	a flight of steps leading into a river
घी	m.	clarified butter
घुटना	m.	knee
(X को) घुमाना	vt.	to take X on an outing
घूमना	vi.	to wander, to go on an outing
घूरना	vt.	to stare

च

चकत्ता	m.	a round, red sore or blotch
(X को) चक्कर आना	vi.	for X to feel dizzy
चक्र	m.	wheel, cycle
चखना	vt.	to taste
चचेरी बहन	f.	cousin, daughter of father's younger brother
चटनी	f.	chutney
चढ़ना	vi.	to board, to climb
चम्मच	m.	spoon
चलना	vi.	to move, to go

चलाना	vt.	to drive
चश्मा	m.	glasses
चाँद	m.	moon
चाचा	m.	father's younger brother
चाची	f.	wife of father's younger brother
चाभी	f.	key
चाय-शाय	f.	tea with snacks
चालीस	adj.	40
चावल	m.	rice
चाहना	vt.	to want
(X को) Y चाहिए	phr.	for X to want Y, for X to need Y
(X की) चिंता करना	vt.	to worry about X
चिट्ठी	f.	letter
चिढ़ाना	vt.	to irritate, to mock
चिपचिपा	adj.	slimy
चिल्लाना	vi.	to shout
चीनी	f.	sugar
चुटकुला	m	joke
चुप	adj.	quiet
चूल्हा	m.	wood or coal-burning stove
चेकवाला	adj.	checkered (clothing)

छ

छत	f.	ceiling, roof
छलाँग मारना	vt.	to leap
छात्र	m.	student (छात्रा f.)
छाना	vi.	to spread (like clouds across a sky)
छिलका	m.	peel
छुट्टी	f.	vacation, time off
छुपना	vi.	to hide
छूटना	vi.	to depart
छूना	vt.	to touch
छेद	m.	hole
छोटा	adj.	small, short
छोट-मोटा	adj.	minor, insignificant
छोड़ना	vt.	to drop off, to leave, to quit, to abandon
छोले	m.	chickpeas
छोले-कुलचे	m.	chickpeas and flatbread

ज

जंगल	m.	jungle
जगना	vi.	to be awake
जगह	f.	place
जन्म	m.	birth
जन्म लेना	vt.	to be born
जन्मदिन	m.	birthday
जबकि	conj.	whereas
ज़मीन	f.	ground
ज़बरदस्ती	adv.	forcefully, domineeringly
ज़रूर	adv.	definitely, certainly
ज़रूरी	adj.	necessary
ज़रूरी है कि . . .	phr.	It's necessary that . . . (followed by subjunctive)
जलना	vi.	to burn
जलाना	vt.	to burn, to ignite, to set on fire
जल्द	adv.	soon, quickly
जवाब	m.	answer
जाँच	f.	test (medical)
जाति	f.	caste
जानकारी	f.	information
जानना	vt.	to know
जाना	vi.	to go
X जाने वाला	adj.	bound for X
ज़िंदगी	f.	life
जीजा	m.	sister's husband
जीतना	vi.	to win
जीरा	m.	cumin
जीवन	m.	life
(X को) ज़ुकाम होना	vi.	for X to have a cold
जूता	m	shoe
जूते चुराना	vt.	to steal shoes
जेठ	m.	husband's elder brother
जेठानी	f.	wife of husband's elder brother
जेब	f.	pocket
जेब ख़र्च	m.	pocket money
जैसा	adj.	like, similar to
जो	pn.	who, the one who, which (relative clause)
जोड़	m.	joint

ज़ोर से	adv.	forcefully
ज़्यादा	inv.	more
ज़्यादातर	adv. and adj.	mostly, usually, most

झ

झाड़-फूँक	f.	charms and incantations (pejorative)
झाड़ू	m.	broom
झाड़ू लगाना	vt.	to sweep
झूठ बोलना	vt.	to tell a lie
झूला	m.	swing
झोंपड़ी	f.	hut

ट

टमाटर	m.	tomato
टिप्पणी	f.	comment
टीबी	m.	tuberculosis
टुकड़ा	m.	a piece, a bit
टेरीकॉट	m.	polyester
टोकरी	f.	basket
टोपी	f.	hat

ठ

(X को) ठंड लगना	vi.	for X to feel cold, for X to catch a cold
ठंड	f.	cold
ठंडा	adj.	cold
ठीक	adj.	fine, okay
ठीक करना	vt.	to fix

ड

(X को Y से) डर लगना	vi.	for X to fear Y
डरपोक	adj.	cowardly
डरावना	adj.	scary
(X को) डाँटना	vt.	to scold X

डालना	vt.	to put (into)
डिब्बा	m.	box

ढ

ढकना	vt.	to cover
ढाई सौ	adj.	250
ढाबा	m.	roadside diner
ढूँढ़ना	vt.	to search

त

तंग करना	vt.	to bother, to tease, to harass
तक	pp.	up to, until
तकिया	m.	pillow
तय	adj.	decided, agreed upon
तरफ़	f.	direction
तरह	f.	way, type, kind
तरह-तरह का X	pp.	variety of X, different types of X
तरीक़ा	m.	method
तलना	vt.	to deep fry
तलाक़शुदा	inv.	divorced
तस्वीर	f.	picture
ताकि	conj.	so that, in order that (followed by subjunctive)
ताज़ा	adj.	fresh
तारीख़	f.	date (calendar)
(X की) तारीफ़ करना	vt.	to praise X
तीस	adj.	30
तुरंत	adv.	immediately
तूसी ग्रेट हो ।	phr.	You are great. (Punjabi)
तेज़	adj.	fast, intense
तेजपत्ता	m.	bay leaf
तेरह	adj.	13
तेल	m.	oil
तैयार	adj.	ready
तैयार करना	vt.	to prepare

(X की) तैयारी करना	vt.	to prepare for X
तोड़ना	vt.	to break, to pick (fruit)
त्यौहार	m.	festival, holiday

थ

थक जाना	vi.	to get tired
थका रहना	vi.	to remain tired
थकान	f.	tiredness, fatigue
थाली	f.	plate
थैला	m.	bag
थोड़ा-सा	adj.	a little
थोड़ी देर	f.	a little while

द

दफ़्तर	m.	office
दबना	vi.	to be crushed, to be buried
दरवाज़ा	m.	door
दरी	f.	rug
दर्द	m.	pain
दलित	m.	a community in India oppressed by caste discrimination
दवा	f.	medicine
दस्त	m.	diarrhea
दही	m.	yogurt
दहेज	m.	dowry
दाँत	m.	tooth
दाख़िला लेना	vt.	to take admission
दादा	m.	paternal grandfather
दादी	f.	paternal grandmother
दाम	m.	price
दायाँ	adj.	right (direction)
दाल-मक्खनी	f.	lentils cooked with butter
दिखाना	vt.	to show
दिन	m.	day
दिन-भर	adv.	all day
दिल	m.	heart
(X का) दिल करना	vt.	for X to want (idiom)

दिलचस्प	adj.	interesting
दीया	m.	oil-lamp
दीवार	f.	wall
दुकान	f.	shop, store
दुकानदार	m.	shopkeeper
दुनिया	f.	world
दुल्हन	f.	bride
दूध	m.	milk
दूर	adv.	far
दूल्हा	m.	groom
दूसरा	adj.	second, other
दूसरी तरफ़	adv.	other direction, other way
देखना	vt.	to see, to look
(X की) देखभाल करना	vt.	to take care of X
देना	vt.	to give
देर	f.	a while
देश	m.	country, nation
दोनों	adj.	both
दोपहर को	adv.	in the afternoon
दोस्त	m.	friend
(X से) दोस्ती करना	vt.	to make friends with X
दौड़ना	vi.	to run

ध

धर्म	m.	religion
धीरे	adv.	quietly, slowly
धीरे-धीरे	adv.	gradually
धुआँ	m.	smoke
धुलना	vi.	to be washed, to be cleansed
धैर्य से	adv.	patiently
धोना	vt.	to wash
(X पर) ध्यान देना	vt.	to pay attention to X

न

नकचढ़ा	adj.	arrogant, stuck up
नक़्क़ाशी	f.	carving, sculpture
नज़र आना	vi.	to appear

नदी	f.	river
ननद	f.	husband's sister
नब्बे	adj.	90
नमक	m.	salt
नया	adj.	new
नहाना	vi.	to bathe
नाक	f.	nose
नाक बहना	vi.	for a nose to run
नाचना	vi.	to dance
नाटक	m.	play, drama
नान	m.	flatbread made in an oven
नाना	m.	maternal grandfather
नानी	f.	maternal grandmother
नाम	m.	name
नारंगी	adj.	orange
(X से) नाराज़ होना	vi.	to be angry with X
नाला	m.	canal (usually for wastewater)
नाश्ता	m.	snack, breakfast
निकलना	vi.	to emerge, to go out
निकालना	vt.	to take out
निदान	m.	diagnosis
नींद	f.	sleep
नीचे	adv.	down
नीला	adj.	blue
नुक़सान	m.	harm, loss
नेक	adj.	noble, virtuous
नेग	m.	presents given at a marriage
नेता	m.	politician
नौकर	m.	servant, maid
नौकरी	f.	job
नौकरी-पेशा	adj.	employed

प

पंखा	m.	fan
पंडित	m.	religious scholar
पकड़ना	vt.	to catch, to grab
पकवान	m.	a delicacy (food)

पकाना	vt.	to cook
पकौड़ा	m.	a fritter (batter-fried vegetable)
पक्का करना	vt.	to make definite, to settle on (agreement)
पगड़ी	f.	turban
पचास	adj.	50
पच्चीस	adj.	25
पटाख	m.	firework
पटाखे जलान	vt.	to set off fireworks
पड़ा (हुआ)	adj.	fallen, lying
पड़ोस	m.	neighborhood
पड़ोसी	m.	neighbor
पढ़ना	vt.	to read, to study
पढ़ा-लिखा	adj.	literate, educated
पढ़ाई	f.	study
पढ़ाई करना	vt.	to study
पढ़ाना	vt.	to teach
पतल	adj.	thin
पता	m.	address
पता करना	vt.	to find out, to investigate
(X को) पता चलना	vi.	for X to find out
पति	m.	husband
पत्तेदार	adj.	leafy
पत्नी	f.	wife
पनीर	m.	cheese
पपीता	m.	papaya
परचून की दुकान	f.	grocery store (dry goods)
परसों	adv.	the day before yesterday, the day after tomorrow
परिवार	m.	family
परीक्षा	f.	examination
परेशान	adj.	upset, anxious
परेशानी	f.	trouble, problem, concern
परोसना	vt.	to serve (food)
पवित्र	adj.	holy
पसंद करना	vt.	to like, to choose
पसीना	m.	sweat
पहचानना	vt.	to recognize

पहनना	vt.	to wear
पहला	adj.	first
पहुँचना	vi.	to arrive
पानी	m.	water
पाप	m.	sin
पार करना	vt.	to cross
पारम्परिक	adj.	traditional
पालक	m.	spinach
पाव	m.	250 grams
पिता	m.	father
(X का) पीछा करना	vt.	to follow X
पीछे	adv.	backward, behind
पीठ	f.	back (body part)
पीढ़ी	f.	generation
पीना	vt.	to drink
पीला	adj.	yellow
पीसना	vt.	to grind
पुराना	adj.	old (inanimate)
पुरुष	m.	man, male
पूछना	vt.	to ask
पूजा करन	vt.	to worship
पूरा	adj.	full
पूरी	f.	fried puffed bread
पूरी तरह से	adv.	completely
पेट	m.	stomach
पेट्रोल	m.	petrol, gas
पेड़	m.	tree
पैदा होना	vi.	to be born
पैर	m.	leg, foot
पैसा	m.	money
पोता	m.	grandson
पोती	f.	granddaughter
पौधा	m.	plant
प्याज़	f.	onion
प्यार	m.	love
(X को) प्यार करना	vt.	to love X (also used with से)
प्यारा	adj.	dear
प्यास	f.	thirst

प्रदूषण	m.	pollution
प्रदूषण मुक्त	adj.	pollution-free
प्रदूषित	adj.	polluted
प्रवासी	m.	immigrant
प्रसाद	m.	an offering that worshipers make to a deity
प्रस्थान	m.	departure
प्रिय	adj.	dear
प्रेम	m.	love
प्रेम-प्रसंग	m.	love affair

फ

फटाफट	adv.	immediately, quickly
फ़र्क़	m.	difference
फ़र्श	m.	floor
फल	m.	fruit
फाँक	m.	slice (of fruit)
फ़ायदा	m.	benefit
फिर	adj.	then, again
फिर भी	conj.	nevertheless
फिर मिलेंगे ।	phr.	See you later.
फीका	adj.	bland
फूल	m.	flower
फूलवाला	m.	florist
फेंकना	vt.	to throw
फैलना	vi.	to spread
फ़ोटो खिंचवाना	caus.	to have a photograph taken
(X को) फ़ोन करना	vt.	to phone X

ब

बंद	adj.	closed
बंद करना	vt.	to close, to stop
बंदर	m.	monkey
बंधन	m.	restriction
बकवास करना	vt.	to talk nonsense
बग़ीचा	m.	garden
बचना	vi.	to remain, to escape

बचपन	m.	childhood
बच्चा	m.	child
बजना	vi.	to ring
बजे	adv.	o'clock
बड़ा	adj.	big
बड़ा होना	vi.	to grow up
बढ़ना	vi.	to grow, to increase
(X को) बताना	vt.	to tell X
बदलना	vt.	to change, to exchange
बदसूरत	adj.	ugly
(X की) बधाइयाँ	phr.	congratulations on X
बनना	vi.	to become
बनाना	vt.	to make
बनवान	caus.	to have made
बर्तन	m.	pan
बल्कि	conj.	but rather
बस	adv.	The only exception is . . ., The only thing is . . .
बहन	f.	sister
बहरहाल	adv.	in any case, anyway
बहादुर	adj.	brave
बहू	f.	daughter-in-law, bride
बाँह	f.	arm
बात	f.	a thing said, matter, idea
(X से) बात करना	vt.	to talk with X
बातचीत	f.	conversation
बाद में	adv.	later
बादल	m.	cloud
बाबू	m.	clerk
बायाँ	adj.	left
बार	f.	occasion, time
बारहवाँ	adj.	twelfth
बारात	f.	wedding procession
बारिश	f.	rain
बारी	f.	turn (play, duty)
बाल	m.	hair
बासी	adj.	stale
बाहर	adv.	outside

बिजली	f.	electricity
बिना X के	pp.	without X
बिरयानी	f.	rice cooked with meat or vegetables
बिल्कुल	adv.	absolutely
बिस्तर	m.	bed
बीती बात	f.	past event or experience
बीमार	adj.	sick
बीमार पड़ना	vi.	to get sick
बीमारी	f.	illness
बीवी	f.	wife
बीस	adj.	20
(X को) बुख़ार होना	vi.	for X to have a fever
बुधवार	m.	Wednesday
बुरा	adj.	bad
बुलाना	vt.	to call, to invite
बूढ़ा	adj.	elderly
बेइज़्ज़ती	f.	disrespect
बेचना	vt.	to sell
बेटा	m.	son
बेटी	f.	daughter
बैंगन	m.	eggplant
बैंगन भर्ता	m.	roasted eggplant
बैंगनी	adj.	purple
बैठना	vi.	to sit
बैठाना	vt.	to seat
बोलना	vt.	to speak
बोहनी	f.	first sale of the day
ब्रेड पकौड़ा	m.	batter-fried bread

भ

भगवान	m.	God, the supreme being
(X का) भला करना	vt.	to make X prosper, to favor X, to treat X well
भविष्य	m.	future
भाई	m.	brother
भाईचारा	m.	brotherhood
भागना	vi.	to run away, to escape

भगवान	m.	God, the supreme being
भाषा	f.	language
भारत	m.	India
भिंडी	f.	okra
X भी	adv.	X also
भूकंप	m.	earthquake
(X को) भूख लगना	vi.	for X to be hungry
भूगोल	m.	geography
भूनना	vt.	to stir fry
भूरा	adj.	brown
भूलना	vi.	to forget
भेजना	vt.	to send

म

मंगलवार	m.	Tuesday
मंज़िल	f.	story (of a building), destination
मंडी	f.	wholesale market
मक़बरा	m.	mausoleum, tomb
मकान	m.	house
मक्खन	m.	butter
मच्छरदानी	f.	mosquito net
मज़ा	m.	fun, enjoyment
मज़ाक़	m.	joke
मज़े लेना	vt.	to have fun
मज़े से	adv.	with pleasure, enjoyment
मज़ेदार	adj.	tasty, delicious
मटर	m.	green peas
मत	adv.	don't (used with commands and subjunctive verbs)
मतलब	m.	meaning
(X की) मदद करना	vt.	to help X
(X का) मन करना	vt.	for X to want
मनपसंद	adj.	favorite
मनाना	vt.	to celebrate
मरना	vi.	to die
मरम्मत	f.	repair
मरीज़	m.	patient (medical)

मशहूर	adj.	famous
मसाला	m.	spice
मसालेदार	adj.	spicy·
मस्ती करना	vt.	to have fun
महँगा	adj.	expensive
महिला	f.	woman, female
महीना	m.	month
माँ	f.	mother
माँ-बाप	m.	parents
माँगना	vt.	to ask for
माता-पिता	m.	parents
मान लीजिए	phr.	Imagine that . . .
मानना	vt.	to accept, to believe
मामा	m.	mother's brother
मामी	f.	wife of mother's brother
मारना	vt.	to hit
(X को) मालूम होना	vi.	for X to know
माशाअल्लाह	phr.	God willing. (used when giving a compliment)
मिक्सी	f.	blender
मिठाई	f.	sweet dish, dessert
मिर्च	f.	chili, pepper
मिलना	vi.	to meet, to get, to be available, to obtain
मिलाना	vt.	to mix, to stir
मीठा	adj.	sweet
मुंडन	m.	a child's ceremonial first haircut
मुँह	m.	mouth
मुँह बनाना	vt.	to make a face (with disapproval)
मुड़ना	vi.	to turn
मुफ़्त	adj.	free (of cost)
मुर्ग़	m.	chicken
मुर्ग़ी	f.	hen
मुश्किल	adj.	difficult
मुश्किल से	adv.	with difficulty
मुस्कराना	vi.	to smile
मृत्यु	f.	death
मेज़	f.	table
मेमसाहब	f.	ma'am

मेला	m.	fair
मेहंदी	f.	henna
मेहनत	f.	hard work
मेहनत करना	vt.	to do hard work
मेहनती	adj.	hardworking
मेहमान	m.	guest
(X की) मेहरबानी	pp.	thanks to X
मोक्ष	m.	release from the cycle of rebirth
मोज़ा	m.	sock
मोटा	adj.	fat, thick
मौसम	m.	weather
मौसा	m.	husband of mother's sister
मौसी	f.	mother's sister

य

(X को) यक़ीन होना	vi.	for X to be certain
यहाँ	adv.	here
यही बात	f.	the very same thing
या	conj.	or
यात्री	m.	traveler
याद	f.	memory
(X को) याद करना	vt.	to miss X
(X को) याद होना	vi.	for X to remember
यानी	adv.	in other words
यार	m.	buddy, friend
युवा	inv.	young

र

रंग	m.	color
रंग लगाना	vt.	to apply colors, to paint
रखना	vt.	to put, to put away, to keep
रस	m.	juice
रसीद	m.	receipt
रसीला	adj.	juicy
रसोई	f.	kitchen
रस्म	f.	ritual
रहना	vi.	to stay, to live, to reside

राजनीति शास्त्र	m.	political science
राजमा	m.	kidney beans
राजा	m.	king
रात-भर	adv.	all night
रास्ता	m.	way, road
रास्ते में	adv.	on the way
रिश्ता	m.	relationship
रिश्ता आना	vi.	for an offer of marriage to come
रुकना	vi.	to stop
रुपया	m.	rupee (India's currency)
रूप	m.	form
रेलगाड़ी	f.	train
रोक	m.	ban
रोकना	vt.	to stop
रोज़	adv.	daily
रोटी	f.	flatbread made on a griddle
रोना	vi.	to cry

ल

लंबा	adj.	tall, long
लकड़ी	f.	wood
लक्षण	m.	symptom, sign
(X को) लगता है कि . . .	vi.	It seems to X that . . ., X thinks that . . .
(X को) लगना	vi.	to seem to X, to appear to X
लगभग	adv.	approximately
लगातार	adv.	continuously
लगाना	vt.	to apply, to attach, to set (a price)
लड़का	m.	boy
लड़की	f.	girl
लड़केवाले	m.	the groom's family and friends
लड़ना	vt.	to fight
लड्डू	m.	a ball-shaped dessert
लब	m.	lip
लस्सी	f.	yogurt-based drink
लहसुन	m.	garlic
लाख	adj.	1,00,000
लाना	vi.	to bring

लंबा	adj.	tall, long
लाल	adj.	red
लाल बत्ती	f.	red light
लाल मिर्च	f.	red chili
लिंग	m.	gender
लिखना	vt.	to write
लिखा (हुआ)	adj.	written
लेकिन	conj.	but
लेखिका	f.	female writer
लेन-देन	m.	transaction
लेना	vt.	to take
लोग	m.	people
लौंग	m.	clove

व

वजह	f.	reason
वधू	f.	bride
वर	m.	groom
वर्ष	m.	year
वसंत	m.	spring
वहाँ	adv.	there
वातावरण	m.	environment
वापस आना	vi.	to return
वापस करना	vt.	to return
वाह	interj.	Wow!
विचार	m.	thought, idea, opinion
विदाई	f.	farewell
विदेश	m.	foreign land
विदेशी	m.	foreigner
विश्वविद्यालय	m.	university
विषय	m.	subject

श

शताब्दी	f.	century, name of several express trains in India
शनिवार	m.	Saturday
शराब	f.	alcohol

शरीर	m.	body
(X को) शर्म आना	vi.	for X to be ashamed
शव	m.	corpse
शहर	m.	city
शांति	f.	peace
शादी	f.	marriage
शादी करना	vt.	to marry
शादीशुदा	inv.	married
शाबाश	interj.	Well done!
शाम को	adv.	in the evening
शामिल होना	vi.	to be included
शायद	conj.	maybe, perhaps
शिक्षा	f.	education
शिमला मिर्च	f.	bell pepper
शुक्रवार	m.	Friday
शुरू होना	vi.	to start
शैतान	m.	devil, rascal
शोध करना	vt.	to do research
शोर मचाना	vt.	to make noise
शौक़	m.	hobby
शौहर	m.	husband (Urdu)
श्रेणी	f.	class (of a train)

स

संख्या	f.	number
संगीत	m.	music
संतरा	m.	orange (fruit)
संपर्क	m.	contact
संभावित	adj.	expected
संस्कृति	f.	culture
सकना	vi.	to be able (always used with stem of a main verb)
सख़्त	adj.	hard, firm
सच में	adv.	in reality
सचमुच	adv.	really
सजा (हुआ)	adj.	decorated
सड़क	f.	road, street

सत्तर	adj.	70
सपना	m.	dream
सफ़र	m.	trip, journey
सफ़ाई करना	vt.	to clean
सफ़ेद	adj.	white
सब	pn. and adj.	everyone, all
सबसे अच्छा	adj.	best
सब्ज़ी	f.	vegetable
सब्ज़ीवाला	m.	vegetable seller
(X को) समझ आना	vi.	for X to understand
समझना	vt.	to understand
समय	m.	time
समय लगना	vi.	to take time
समस्या	f.	problem
समाचार	m.	news
समाज	m.	society
समानता	f.	equality
समोसा	m.	a dumpling stuffed with potatoes
सरकार	f.	government
सरकारी	adj.	governmental
सरदी	f.	cold, winter
सवारी	f.	passenger
सवाल करना	vt.	to ask a question
ससुर	m.	father-in-law
ससुराल	f.	the home of one's in-laws
सस्ता	adj.	cheap
सहयोग	m.	cooperation
सही	adj.	correct
सहेली	f.	a female friend of a female
साँवला	adj.	dark-complexioned
साँस	f.	breath
साँस लेना	vt.	to take a breath
साक्षात्कार	m.	interview
साग	m.	green leafy vegetable
साठ	adj.	60
सातवाँ	adj.	seventh
सादा	adj.	plain
साफ़ करना	vt.	to clean

साफ़-सुथरा	adj.	neat and tidy
साबुन	m.	soap
सामग्री	f.	list of ingredients
सामान	m.	things, stuff
सारा	adj.	entire
साल	m.	year
सालगिरह	f.	anniversary
साला	m.	wife's brother (also used as an insult)
सास	f.	mother-in-law
सिखाना	vt.	to teach
सिगरेट पीना	vt.	to smoke a cigarette
सिफ़ारिश	f.	recommendation (from someone with "connections")
सिर	m.	head
सिरदर्द	m.	headache
सिर्फ़	adv.	only
सीखना	vt.	to learn
सीधा	adj.	straight
सुंदर	adj.	beautiful
सुझाव	m.	suggestion
सुनना	vt.	to listen, to hear
सुनहरा	adj.	golden
सुबह-सुबह	adv.	early in the morning
सूख़ना	vi.	to become dry
सूँघना	vt.	to smell, to sniff
सूची	f.	list
सूजन	f.	swelling
सूट-सलवार	m.	a "Punjabi suit" worn by women
सूती	adj.	made of cotton
X से पहले	pp.	before X
सेब	m.	apple
सेहतमंद	adj.	healthy
(X की) सैर करना	vt.	to tour X
सोचना	vt.	to think
सोना	vi.	to sleep
सोमवार	m.	Monday
सौ	adj.	hundred
स्त्री	f.	woman, female

स्वतंत्रता	f.	freedom
स्वर्ग	m.	heaven
(X का) स्वागत करना	vt.	to welcome X
स्वाद	m.	flavor, taste
स्वादानुसार	adv.	according to the taste

ह

हँसना	vi.	to laugh
हज़ार	adj.	thousand
हफ़्ता	m.	week, weekly bribe (paid as extortion)
हमेशा	adv.	always
हर	adj.	each, every
हरा	adj.	green
हल्का	adj.	light (color, weight)
हल्दी	f.	turmeric
हवा	f.	wind, air
हाथ	m.	hand, arm
हाथ जोड़ना	vt.	to fold one's hands, to make a humble request
हारना	vi.	to lose
हाल	m.	condition
हिलना	vi.	to move, to shake
हिलाना	vt.	to stir, to move
हिस्सा	m.	portion
X ही	adv.	only X, just X
हैरान करना	vt.	to surprise
हैरान होना	vi.	to be surprised
हो सकता है कि . . .	phr.	It's possible that . . . (followed by subjunctive)
होना	vi.	to be
होली	f.	the spring festival of colors
होशियार	adj.	intelligent, bright